フツーの主婦が、弱かった青山学院大学陸上競技部の寮母になって箱根駅伝で常連校になるまでを支えた39の言葉

原 美穂 青山学院大学陸上競技部町田寮寮母

アスコム

プロローグ

想像もつかないことが人生では起こります。

子どものころ、大きくなったら何になりたい？　と聞かれて、「大学の陸上競技部の寮母」と答える女子はひとりもいないと思います。いや、大人になっても、職業の選択肢には入らない仕事だと思います。

わたしが寮母になったのは２００４年春のことでした。その日から今日までの間に、学生は念願だった箱根駅伝出場も、シード権獲得も、優勝も、連覇も、三冠——三大駅伝での優勝——も果たすことができました。

その日々に立ち会えたことは、かけがえのない経験であり、大切な思い出でもあります。ふり返ると、本当に充実した日々でした。

でもときどき、どうして今わたしは寮母として、青山学院大学陸上競技部の寮で、学生と一緒に笑ったり、ときには怒ったりしながら暮らしているのだろうと不思議に思うことがあります。

わたしはもともと、陸上競技どころか、スポーツ全般にほとんど興味を持っていませんでした。転勤族の父が異動するたび、家族と一緒に全国各地を転々としていた子どものころの夢は、小学校の先生になることでした。その夢は、高校生になっても変わることなく抱いていて、家からそう遠くない首都圏の大学の教育学部を受験するつもりでいました。

ところが、両親が故郷広島へ帰ることになり、わたしもそれについていかなくてはならなくなって、予定変更。小学校の先生になるという長年の夢は手放すことになりました。

その後も、わたしの希望ではなく、家族の都合で予定は変更されます。

奇妙な縁で知り合った地元広島にある大手企業正社員の男性と結婚し、広島で平穏な日々をおくっていたある日のこと。その夫が突然、会社を辞めて、箱根駅伝出場を目指す東京の青山学院大学陸上競技部の監督になると言いだしたのです。

そもそもわたしは、箱根駅伝が、出雲駅伝、全日本大学駅伝に並ぶ大学三大駅伝のひとつであるとか、その箱根駅伝が、お正月の2日と3日にかけて開催され、三大駅伝のトリを飾る存在だとか、その出場を目指して多くの大学生が毎日、必死にトレーニングを積んでいるといったことを、一切、知りませんでした。当然、大学の陸上競技部の監督という職業、その学生が暮らす寮の寮母という職業があることも知りませんでした。

なので、わたしはとても戸惑い、かなり強く夫に反対をしましたが、一度言いだしたらきかない、わがままな子どものような夫は、どうしても監督になる、と決めて譲りません。わたしとしては一緒に上京し、大学に求められるがまま寮母になる以外、選択肢がありませんでした。

またしても予定変更です。

ただ、寮母になるのは簡単なことではありませんでした。それまでは夫と二人暮らし、それ以前は実家暮らしだったわたしにとって、20歳前後の男子学生たちとの共同生活は、慣れないことの連続です。正直に言えば、居心地が悪いと感じることもありました。

でも、もう、寮母になってしまったのだから、引き返すわけにはいきません。ここでわたしなりにできることをして、箱根駅伝に出場したいという学生の夢が実現するように、学生を箱根駅伝に導くという監督のミッションが成功するように、ただただ、サポートするのみです。

問題は、どうサポートすればよいのか見当がつかないことでした。陸上のことはわからないし、寮母とは何をするべきなのかも、さっぱりわかりません。ただ、幸いにしてわたしの目には、彼らの夢やミッションのために、やったほうがいいだろうこと、やらなくてはならないだろうことが、つぎつぎに飛び込んできました。

きっと、わたし自身が箱根駅伝を目指す当事者ではなく、夢を叶えたい人たち、ミッションをやり遂げなくてはならない人の近くにいるという立場だから、いろいろなものが見えたのだと思います。

その一つひとつに、ときには学生と一緒に、ときには監督とケンカもしながら取り組んでいるうちに、なんとなく自分の役割が見えてきて、居場所も見つかったように思います。役割も居場所も、自分で探し出してつかんだというより、気づいたらそうなっていて、そこにいたというのが実感です。

箱根駅伝に出場させること、そして優勝に導くことは、その当時のわたしにとって、わたし自身の夢やミッションではありませんでした。

でも、本気の彼らの近くにいて、彼らを支えている間に、わたしなりに工夫し努力して支え、走らせること、勝たせることが、わたしの夢にもミッションにもなりました。

これは想像ですが、わたしのように、**自分が積極的に望んだわけではないのに、いつの間にか誰かの夢やミッションに巻き込まれ、それを支えることを仕事とし、いつしか、そこに喜びを感じる人は少なくないのではないかと思います。**

そういう人の中にはもしかすると、自分自身の中には、まっすぐに追い求めている夢や、どんな困難を乗り越えてもやり遂げたいミッションを見つけられずにいることに、悩んでいる人がいるかもしれません。また、本来の自分のいる場所はここではない、と自分探しの旅を続けている人がいるかもしれません。もちろん、そういうことに悩んだり考えたりするのは必要なことだし、いいことだとは思います。

でも、わたしもそうだったからこそ、そして寮母をやった今からだからこそ、はっきりと言えることがあります。

夢やミッションが明確にある人はそれを目指せばいい。そういうものがない人は、夢やミッションがある人を応援し、支えればいい。そうしているうちに、自分の支えた人が夢を叶え、ミッションを遂行《すいこう》することが、自分の喜びになる。

わたしは、かつては想像もできなかったような10数年をへて、そう実感するようになりました。

この本には、そう思うようになるまでにどんなことがあったのか、どういった気持ちで、学生や監督に接し、彼らの成長を見守り、喜怒哀楽を共にしてきたのかを正直に書きました。

本を出しませんかと声をかけていただいたときには、わたしの書くものが誰かのお役に立つことがあるのかなと疑問にも思いました。でも、予期せぬできごとに巻き込まれ、ふり回され、流されて、自分が思い描いていたのとはまったく違う人生を生きることになっても、**そこで自分なりに、精一杯頑張っていれば楽しくもなるよ**、とお伝えすることは、もしかすると誰かの支えになるかもしれないと考え、出版社の方の言葉に流されてみました。

読んでくださった方にわずかでも、「そういう考え方もあるかもね」と思っていただければうれしいです。

青山学院大学陸上競技部町田寮寮母　原　美穂

目次

プロローグ —— 3

第1章 わたしたちはみんな、誰かを支えるために生きている。

1 遠くを見すぎない。その日、一日を安泰に過ごすために一生懸命になればいいのです。 —— 16
2 「なるようになる」の中で最善をつくしましょう。 —— 21
3 全力で反対すると、相手の覚悟はより固いものになる。決まったら支えればよいのです。 —— 25
4 「無知」は「強さ」に変えられる。恐いもの知らずだからこそ挑戦できるのです。 —— 31
5 何もないところからつくるからドラマがある。前例がないから面白い、と考えましょう。 —— 36
6 自分が何をすればいいかわからないときは、「どうすればその場がよくなっていくか？」を考えると答えは出ます。 —— 41
7 まず自分から話しかける。「あいさつをする」がコミュニケーションの第一歩です。 —— 46
8 ただ話しかけるのではなく、話しかけたあとの「相手の反応をよく観察すること」が大切なのです。 —— 50
9 主役は学生であり、監督。その場の主役をきっちり立てられるのがよい裏方です。 —— 54

第2章　誰にも見向きされないときに一生懸命考える人たちが「伝統の根っ子」をつくった。

10 ルールは守る人に決めさせる。「自分たちが決めた」と思えるように仕向けることが大切です。――60

11 「ネガティブな言葉」は、「ポジティブな言葉」よりも早く伝染します。――66

12 苦しいことをやるとき、「その意味を理解する子」は伸びるのです。――71

13 誰も相手にしてくれないときは、懸命に応援する。チヤホヤされだしたら、冷静に見るようにします。――74

14 説得力を持つために、身ぎれいにする。主役じゃなくても、いつも人に見られている、という意識を持ちましょう。――80

15 覚悟がなければ、つくればいい。続けていれば、自然と覚悟はできるものです。――84

16 支える立場だからこそ、つねに冷静に。周りが焦っているときこそ、「平常心」でいないといけないのです。――88

17 どん底で辞めるなんて簡単だ。ここまでふり回されたのだから、このままでは終われない、という気持ちになります。――93

18 「あきらめない気持ち」と、「自主性」が合体したとき「最高の結果」がついてきます。――98

19 自主的にやる子が増えれば、チームは強くなる。できる子は、次の目標を自分で高くしていくのです。――103

第3章 いいチームができると「火事場のバカ力」が出せるようになる。

20 好きな人とだけつき合わせないようにする。シャッフルすることで「団結力」が生まれるのです。――110
21 「どうせダメなんでしょ」という応援もある。ほめてほしい子には、ちょっとしたダメ出しをするのです。――115
22 自信を失った子には、話をするのではなく、「話を聞く」。ほうっておいてほしい子は、「ほうっておいてあげる」ことも気づかいです。――119
23 学生にもプライドがある。本当に大切なことは、人が見ていないところで注意します。――124
24 箱根を走れる選手が偉いわけではない、生活では平等である。人によって対応を変えずに、一人ひとりが主役である環境をつくります。――128
25 箱根に出られる子だけが主役じゃない。レギュラーになれなくても、本人の自己ベストが出たらみんなで喜ぶのです。――135

26 その子の「生活」、「性格」が、そのまま走りに表れる。だが「生活」は「性格」をも変えることがある。だから、「生活」が大切なのです。——140

27 誰でもキャプテンになれるわけじゃないのと同様に、誰でもマネージャーになれるわけじゃないのです。——144

第4章 わがままな夫だからこそ楽しい。男はちょっとわがままなほうがいい!?

28 「男の人がやるべきこと」と「女の人がやるべきこと」がある。でも、できないことは相手に頼ればいいのです。——152

29 タイミングは、合ったときが一番のタイミングなのです。——157

30 わがままだからできることがある。わがままな人ほど「支えがい」があるのです。——164

31 自分の労力をムダづかいしてはいけない。「相手がしてほしいときにしてあげること」が大切なのです。——168

32 監督がわたしを紹介するときに言う「監督の監督は奥さんです」の意味は?言うべきことをはっきり言うのも、支える側の責任です。——173

33 相手は変えられない。でも一緒にいることで「結果」は変わる。自分が思っている自分のキャラクターと、人が思っている自分のキャラクターは違っていることが多いのです。——177

34 断ってばかりいると視野は広がらない。やらされることも楽しんでやれば、新しい発見があるのです。——181

第5章 与えられたことでも、喜びに変わる瞬間は来る。

35 勝っても負けても、その後の人生に役立つ体験をさせることが大切なのです。——186

36 やってみなければ始まらない。ネットで検索すれば答えは出るけど、自分で経験しないと本当の答えはわからない。——190

37 支えることで、自分も成長する。「支えること」は、「自分も支えられている」と知ることなのです。——194

38 「自分探し」なんかしなくていい。誰かを支えることで、自分の役割と居場所が見つかるのです。——198

39 「夢」なんか無理に持たなくてもいい。「夢」を持つ人を懸命に支えることで、自分の「夢」が見つかることがあるのです。——202

第1章

わたしたちはみんな、誰かを支えるために生きている。

1

遠くを見すぎない。
その日、一日を
安泰に過ごすために
一生懸命になれば
いいのです。

いつも朝は6時過ぎから、学生約40人分の朝食の配膳準備です。早朝練習を終えた学生と監督がもどってきて、にぎやかに朝食が始まります。今日は学生たちは元気かな？　ふだんはよくしゃべるのに口数が少なくなっている子はいないかな？　よく食べるのに食が細くなっている子はいないかな？　どこか様子が変わった子がいないかな？　学生たちの顔を見ているうちにあっという間に食事は終わります。

その後は、たくさんの宅配便が届き、夫の訪問客や寮にかかってくる電話とファックスに応対したり、ときには取材に訪れるマスコミへの対応などもあります。

空調設備や水道・ガスなどの工事が入ることも多く、寮の備品の買い物をすませ、夕食のお米をといだり、お茶の準備をしたり、その間にまた、宅配便を受け取って……などなどをしていると、もうすっかり夜になっています。

それ以外にも学生から「カゼをひいた」「熱が出た」などのSOSが入ります。全員にカゼがうつってはいけないので、学生を部屋で寝かせ、体調を見ながら、部屋までお粥を届けたりします。とにかく、予定していたことがまったくできなくなるイレギュラーなことがたびたび起こります。

こんなふうにして、わたしの寮母としての毎日は過ぎていきます。ある程度、予定を組んではいるのです。でも、あまり綿密に先々まで予定を立てていても、突然、お風呂のお湯が出なくなったり、監督が「忘れてた！」という用事を思い出したり、学生が深刻な顔で「奥さん、ちょっと相談が」とやってきたりすれば、予定を変更し、目の前に現れたことを最優先事項に格上げすることになります。

きっと、**会社で仕事をしている人、子育てしながら家を守っている人も同じ**だと思います。会社なら、電車が遅れた、から始まり、上司から大至急の仕事がふってきたり、取引先からのクレームがきたり……。家庭なら、子どもが熱を出したり、急に雨がふってきたり、目当てのものがスーパーになかったり、などなど、いろいろな予期せぬことが起こると思います。やろうと思っていたことを、

自分の立てた予定どおりに進められることなど、ほとんどないのではないでしょうか。

だからこそわたしは、とにもかくにも一日を終えて、寮の一室に構えたプライベートな空間である「原家」に帰ると、今日も安泰に過ごせたなと、少しホッとします。多少安泰でなかったとしても、その日を乗り切れたことに達成感を抱きます。

その日一日を安泰に過ごすこと。これは、寮母になる前からわたしが大事にしていることです。

わたしはこれまで、なかなか思いどおりにならない人生を歩んできました。と、言ってしまうとずいぶん大げさですが、歩んできた道には想定外のことが多かったように思います。子どものころ、転校を繰り返したのも、首都圏で大学に入って小学校の先生になりたかったのに、突然、広島に戻ることになったのも、もちろん寮母になったのも、自分から進んでそうしたいと選んだわけではありません。

でも、そうやって自分の意思とは別の力で変わっていく境遇を、いやだと言っても、こんなはずじゃなかったと悔やんでも、時計の針を元に戻すことはできません。それなら、**その場その場でその瞬間を無事に過ごすために、全力で小さな努力を積み重ね、一日を終えて、「今日も安泰に過ごせてよかった」と安堵するほうが、前向きな生き方**だと思うのです。

運命を拒否することはできません。ですから、その日一日を安泰に過ごすため、できる限りのことをしようと思っています。

2

「なるようになる」の中で最善をつくしましょう。

中国電力という企業をご存じでしょうか。広島では知らない人のいない会社と言っていいと思います。広島だけでなく中国・四国地方でもかなりの大企業です。大きいだけでなく経営も安定している、超優良企業です。わたしの夫・原晋《すすむ》は、青山学院大学陸上競技部の監督になる前は、その優良企業の正社員でした。ですから、その妻であるわたしは、夫が短気を起こして会社を辞めない限り、両親も暮らす広島県内で安泰に人生を過ごせるはずでした。

家に帰ってきてから仕事の愚痴を言い、中国電力を辞めたいとこぼすたびに、辞めないでと夫に言う一方で、家を買うことには反対しました。辞めないでと言いながらも、「もしかしたらこの人は、いつか辞めるのではないか」となんとなく感じていたのです。そうなったら、ローンが返せなくなってしまいます。

悪い予感は当たるもので、わたしは広島で一、二を争う超優良企業の正社員の妻ではなく、その安定を手放して縁もゆかりもなかった大学と3年契約した人物の妻となり、一緒に上京することになりました。

結局ローンで買った広島の新居は、人に貸すことになりました。借りるのを検討している人が、わたしたちがまだ住んでいる家に見学にやってきます。自然と、どうして家を貸すことになったのかという話になります。

36歳の夫が、中国電力を辞めて、大学駅伝の監督というわたしもよくわからない仕事に、3年契約の嘱託職員として取り組む。そのために東京へ行くのでここに住む人がいなくなるのです、と正直に説明すると、なんとも微妙な表情が返ってきました。

また、わたしが働いていた職場の同僚たちが送別会を開いてくれたときも、「大学駅伝の監督なんていう仕事があるの？」、「お気のどくに」と言われました。無理もありません。わたしも、これが自分自身に起きたことでなければ「ありえない！」と思っていたでしょう。

そんな状況にあったわたしに、「人間万事塞翁《さいおう》が馬だよ」と声をかけてくれる人がいました。そう言われると、そうかもしれないと思えてきます。

もう、わがままで一度決めたら突きすすむ夫が、大学駅伝の監督を引き受けると決めてしまった以上、わたしは全力でサポートするしかありません。サポートするほうが、しないよりはいい結果につながるように思えますし、何もしないというのはわたしの性《しょう》に合いません。

人生は、なるようにしかならない。でも、なされるがままというのもしゃく。**流されているようでいて、その流れの中ではベストなポジション取りをして、よりよいところへ流れていきたい。**ちゃっかりしているかもしれませんが、今日までそう考えて過ごしてきました。

3

全力で反対すると、
相手の覚悟は
より固いものになる。
決まったら
支えればよいのです。

夫が監督になると決めた日のことは、今でもよく覚えています。

揃って、車で出かけていたときのことです。運転していた夫の携帯電話が鳴りました。夫は車を停めて電話で話し始めます。わたしは横で夫の声だけを聞いていました。最初は「へえ、そうなんだ」といった調子で相づちばかりを打っていましたが、そのうち、「それは断らないでしょう」「やるしかないでしょう」などと言い出しました。いやな予感がふくれあがっていきます。

電話をかけてきたのは、夫の高校時代の陸上部の後輩で、瀬戸さんという人です。瀬戸さんは世羅《せら》高校を卒業後、青山学院大学に進み、広島へ戻って中国放送に就職していました。中国放送も、中国電力に負けないくらいの、地元の超優良企業です。

その瀬戸さんからの電話を受けた夫は、瀬戸さんに、何かを断るな、何かをやれ、と言っているようにも聞こえるのですが、わたしにはわかります。要するに、瀬戸さんに事情があってできないその何かを、自分がやりたいと言っているのです。

瀬戸さんが電話をかけてきた理由、それは、瀬戸さんが、母校である青山学院大学から、箱根駅伝出場を目指して駅伝の監督に就任してほしい、と要請されたことを知らせることでした。

しかし、瀬戸さんは中国放送での仕事が気に入っていて、それを辞めてまで母校の監督になる気はないようです。だからきっと、この手の話に飛びついてくれる、代わりの人を探そうとしたのでしょう。夫に電話をしてきたのは、さすが瀬戸さん、見る目があると言わざるをえません。しかし、わたしとしては、そんなノンキなことを言っている場合ではありません。

夫は電話を切ってからも、興奮状態でした。どんな話だったのかをわたしに一とおり説明したあと、「ふつう、引き受けるでしょう」などと言います。でも、ふつうは引き受けないと思います。まず、その2003年当時、青山学院大学は1976年以降、27年も箱根駅伝から遠ざかっていたからです。監督就任の要請は、陸上競技部再生の要請でもあったのです。

夫は瀬戸さんの代わりに、自分がその役目を引き受けるつもり満々です。

そのころのわたしは、夫が中国電力には陸上競技部の長距離ランナーとして入社していたこと、大学や高校時代も陸上競技部に所属していたことなどはかろうじて知っていましたが、それも結婚直前になって、そんなこともあったと過去形で聞かされていただけです。家でも、夫が駅伝をテレビで見ているところなど一度も見たことがありません。テレビで見るスポーツといえば、プロ野球の広島東洋カープの試合ぐらいです。ですから、駅伝やマラソンにはもう興味がないのだと思っていました。

なのになぜ、たった一本の電話で、自分の母校でもない大学の監督になろうとしているのか、その陸上に対する情熱は今までいったいどこに潜《ひそ》んでいたのか、ぜんぜん理解できません。

夫はわたしとの話は上の空で済ませ、瀬戸さんと会うために、いそいそと出かけていきました。

帰ってきたら案の定、青山学院大学陸上競技部の監督になりたいと言います。そのためには東京へ行って、寮に住むのが条件だとも言います。青天の霹靂《へきれき》。考えられない！　ありえない！　でも、どうしてもそうしたいと言うのです。今の仕事はどうするの？　転勤暮らしが落ち着いて買ったばかりの家はどうなるの？　そもそも、わたしの両親が結婚を許してくれた理由のひとつは、あなたが中国電力の社員で、中国地方から外への転勤がないからだったでしょう？

突っ込みどころ満載の夫の話に一つひとつ突っ込みながら、わたしは猛反対しました。3年契約、その後は成果次第という話を聞けば、なおさらです。ただ猛反対しながらも、このわがままな夫が折れるはずがなく、絶対に監督になるつもりなのだなとわかっていました。

わたしが反対すればするほど、夫は意地になります。いや、絶対に監督になる、陸上競技部を立て直す、学生に箱根路を走らせる、絶対にできる！　俺はやる！と、わたしにも、そして自分自身にも約束するのです。

最初は、もし学生を箱根に連れていけなくて監督をクビになったら、お好み焼き屋さんでバイトをして家計を支えると言っていた夫も、しだいにクビになったらという仮定の話はしなくなりました。反対されればされるほど自分を追い込み、そこでクビになるどころか残留を要請されるようになるまでやってやるぞ、と燃えるのが、原晋という人なのです。

ですから、**わたしは思いきり反対をし、反対しつくしてから、最後の最後に、わたしのこれだけの反対を押し切るのだから、悔いのないようにしっかりやってほしいと伝えました。**

もしも反対せず、わたしが最初から賛成していたら、夫はあそこまで本気にならなかったのではないかと思います。また、今ふり返ると、わたし自身も、全力で夫を支えよう、と気持ちを切り替えられなかったような気がします。結果として、**夫を焚きつけるための猛反対は、わたし自身のためでもあったのでした。**

4

「無知」は
「強さ」に変えられる。
恐いもの知らず
だからこそ
挑戦できるのです。

青山学院大学陸上競技部の部員が暮らす、町田寮では、わたしは夫のことをみんなが呼ぶように監督と呼んでいます。ここからは、いつものように監督と書かせていただきます。

監督が監督になることを決めたころ、わたしは箱根駅伝がどのようなものなのか、まったく知りませんでした。それまでは、監督がテレビで駅伝を見るわけでも、陸上に関する話をするわけでもなかったので、関心を持つきっかけがなかったのです。いつだったか、監督が陸上競技部の長距離ランナーとして中国電力に入社したという話を聞いたときにも、そういうこともあったのね、という感じで、昔話を聞かされた気分でいました。

とにかく、まったく陸上のことを知らなかったので、箱根駅伝が大学の陸上界でどのような存在なのか、大学にとってどのような意味を持つものなのか、そして、その箱根駅伝に出場するのがどんなに大変なことなのか、もっと言えば、いつ開催されて何人で何キロ走るのか、まったく把握していませんでした。箱根駅伝というからには箱根を走るのだろうなとは思いましたが、あのような起伏のあるコースであるとは想像もつきません。

監督は大学から、嘱託職員として働く3年間をひとつの目安に、青山学院大学の陸上競技部を箱根駅伝に出場させてほしいと言われていました。おそらく、陸上競技者だった監督は、そのむずかしさをよくわかっていたでしょう。わたしも、今ならそれが恐ろしく高いハードルであることがわかります。でもそのときは、「ああ、そういう条件なんだ。それで3年以内に箱根駅伝に出られれば、契約を延長してもらえるのかな。で、できなければそれまでかな」と思った程度でした。とにかく、何も知らなかったのです。

もしもそのときのわたしに、箱根駅伝に関する知識が少しでもあり、相当な無理難題だと知っていたなら、最後まで反対を貫いてなんとかあきらめてもらったか、監督だけに上京してもらってわたしは広島で仕事をしていたか、どちらかだったかもしれません。知らないからこそ、**わたしはそれほど思い悩むこともなく、結果的に大きな挑戦をすることになってしまった**のでした。

監督が大学と正式に話をしたあと、わたしは、「大学側からは奥さんにも寮母として来てほしいと言われている」という監督の言葉に従い、自分たちが置かれた状況がどんなものなのか、寮母とは何をするのかよくわからないまま、東京都町田市にある大学が購入したばかりの中古の建物に住むことになりました。そこが、青山学院大学陸上競技部の寮であり、その一角に、わたしたち夫婦の新居がありました。

学生との最初の顔合わせは、不思議な感じがしました。場所は寮の食堂でした。みんなで、「絶対箱根に出よう！」「おー！」と一気に盛り上がるわけでもなく、「あなたみたいなよく知らない人の指導は受けられません」「なんだと！」と反発しあうわけでもなく、互いに「よろしくお願いします」とあっさりした雰囲気です。わたしからすると「これはなんだろう」という感じ。

監督はその場で、箱根駅伝を目指すとはっきり宣言しましたが、その言葉がどれだけ学生に響いているのか、さっぱりわかりませんでした。

当時、わたしは36歳。ふだんは18歳から22歳の男の子たちと話をする機会がありません。友人の子どもたちもまだ幼かったので、大人でも子どもでもない微妙な年ごろの彼らとどのくらいの距離や態度で接すればいいのか、まるで見当がつきませんでした。

でも、もう、ここへこうしてやってきた以上、彼らと一緒にやるしかありません。**不安な気持ちを抱えながらも、静かに心を決めました。**

２００４年、とにもかくにも青山学院大学陸上競技部は、10年ぶりに陸上の世界に戻った原晋という男を監督として迎え入れ、３年後の箱根駅伝出場を目指し、動き始めました。

5

何もないところから
つくるからドラマがある。
前例がないから面白い、
と考えましょう。

青山学院大学陸上競技部の寮は、ＪＲと小田急線の町田駅から徒歩10分ほどの所にあります。地上3階、地下1階建てでベージュのタイル貼りの建物は、ぱっと見たところ、なんとかハイツとかなんとかコーポという名の似合う、小さなマンションのようにも見えます。しかし実際にそこで暮らしているのは、18歳から22歳までの男子学生たち。わたしたち夫婦が赴任したときには、もともと陸上競技部に所属していた2〜4年生と、準備期間中に監督が全国を歩いてスカウトしてきた新1年生とが入寮してきました。

もちろんわたしたち夫婦も、この寮で暮らします。もともと、社員寮だった建物で、管理人室があり、そこがわたしたち夫婦の自宅となりました。プライベートスペース「原家」は、玄関ホールの隣の6畳2間と、キッチン、バス、トイレ。そのプライベートスペースを出ると、当たり前ですが、学生たちがそこにいます。お風呂上がりなら、パンツ一丁、タオルを巻いているだけということもあります。最初は、この環境になかなか慣れることができませんでした。寮のパブリックスペースは自分の家ではないのですが、自分の家によく知らない男の子がたくさんいるような気がするのです。つねに誰かの影と視線を感じる生活をストレスにも感じました。

そのときに思い出すのは、母の言葉でした。専業主婦の母には、銀行員の妻として、全国を転々とした経験があります。その母はよく、「住めば都」と言っていました。きっと本当は、転居先で文化や風習の違いに戸惑ったこともあるはずです。

今よりももっと地方都市が個性を持っていた時代、いつもの調味料がこの街では手に入らないとか、当たり前のようにつかわれている言葉の意味がわからないといった経験をしたこともあるでしょう。

しかし、母がそれを憂《うれ》いていた記憶はわたしにはありません。以前の生活との違いを楽しんでいたのかもしれません。その楽しみは、環境が変わった人にしか味わえないものです。

わたしも少しずつ、広島の家での暮らしとの違いを楽しめるようになりました。それに、帰ろうにも広島の家にはもう別の人が住んでいます。帰ったところで、住まいと仕事を探すところから始めなくてはならない。もう、わたしの居場所はここしかないのだと思い知りました。ここでの暮らしに慣れるしかありません。

今思うと、わたしも住環境の変化に戸惑っていましたが、**戸惑いは、学生たちのほうがよほど大きかったでしょう。**

幼い子は18歳、親元を離れて暮らすのは初めての子がほとんどです。年長者でもせいぜい22歳。親と先生以外の大人に慣れていません。学校の方針が変わったことで突然、箱根駅伝に出場したこともなければ指導経験もない、親や一般的な監督という年齢には若すぎる36歳の男性を監督として受け入れ、同じ寮で暮らすようになり、そこに妻まで寮母としてついてきて、その夫婦とどうやってひとつ屋根の下で暮らしていくのか、まさに手探り状態だったと思います。

わたしも寮母になるのは初めてですが、彼らも寮母と暮らすのは初めての子がほとんど。彼らは、大人のわたしを怖いと思っているかもしれないし、何と話しかければいいかわからず困っているかもしれない。であれば、多少人生の先輩であるわたしのほうから話しかけて、学生の緊張を解くべきだ。そう気がつくと、いつの間にか「慣れなくては」という気負いが消えていきました。

こちらから声をかけるという小さなことをきっかけに、わたしは寮母としての一歩を踏み出したのです。

6

自分が何をすればいいか
わからないときは、
「どうすればその場が
よくなっていくか？」を
考えると答えは出ます。

こうしてわたしは寮母になりましたが、しかし、寮母とは何をすればいいのか、まだわかっていませんでした。きっと、ほかの寮の寮母さんとは、していることが違うのではないかと思います。

たとえば、学生のためのご飯はつくりません。学生の部屋に入っていって掃除をすることもありません。では、何をしているのか？ わたしも最初は見当もつきませんでした。大学から言われたのは「宅配便の受け取りをしてもらえれば」ということくらい。たしかに、20人近くが暮らしている場所なので、毎日、何かしらの荷物が届きます。でも、受け取りにかかる時間は、24時間のうち数分です。残りの時間は何をしたらいいのでしょうか。

学生の食事の支度をしないのは、当時、寮には厨房《ちゅうぼう》施設がなく、契約した飲食店さんが毎朝毎夕、食事を届けてくれたからです。それを、ビュッフェ形式で自由に食べてもらうだけ。食事の時間だからといって、わたしには特にすることはありません。そもそも最初は、食事の時間も決まっていませんでした。

ところが、**見ていると気になることが出てきます。**

まず、毎回、食事がかなりの量、残るのです。**好きなものしか食べていないのが一目でわかりました。**契約していた飲食店さんは学生の数を把握していますし、届けられているのはアスリート向けの食事です。いくら陸上を知らないわたしとはいえ、体づくりのため、食事はきちんと取ったほうがいいのではと思うようになりました。規則正しい生活は健康への第一歩と言いますから、食事の時間も決まっていたほうがいいでしょう。

そこで、当時の学生責任者（寮長や主務）とも話し合い、**ビュッフェ形式は止めて、決まった時間に揃って食事をするようにし、一人ひとりに配膳をするスタイルに変えました。**今では配膳も学生が率先して行っていますが、当時は自炊経験がなく、均等に配膳するのに迷う子もいたので、わたしが配膳を手伝うのが自然でした。

また、わたしは陸上に関する知識がまったくなかったので、走りに関することを手伝うつもりはなかったのですが、走っている学生をビデオ撮影する手が足りない、競技場まで車で送るドライバーがいないと聞けば、じっとしてはいられません。**少しでも学生の、そして監督のサポートができるのであれば、とできることはすべて行う**ようになりました。

一事が万事そのような具合で、少しずつ寮母の仕事が増えていきました。実は寮に来る前は、学生が授業に出ている昼の間は外で仕事をしようかとも考えていたのですが、それは無理なことに気がつきました。

もしかすると、寮母は食事の配膳をしてください、運転もしてください、あれもしてください、これもしてください、とあらかじめ大学から言われていたら、「いえ、わたしは日中は外で仕事がしたいです」と衝突していたかもしれません。しかし、困っている様子を目の当たりにすると、どうしても手を差し伸べたくなります。あなたの仕事はこれですと与えられていなかったからこそ、仕事を見つけ、増やしてくることができたのでしょう。**役目が決まっていなかったから、自**

分で役目を決められたのだと思います。役に立つことは何でもやりたい。そんな

気持ちになっていました。

7

まず自分から話しかける。
「あいさつをする」が
コミュニケーションの
第一歩です。

決まっていないことだらけで始まった寮生活でしたが、わたしには密かに心に誓ったことがありました。それは、**学生を見つけたらこちらからあいさつをすること**です。

ここで暮らすのはみんな初めて。家族以外の人と暮らすのも、ほとんどの人が初めてです。緊張していて当然です。

そこには知らない大人が、監督としてやってきていて「箱根駅伝を目指そう」と言っているけれど、この人はどれだけ本気でどれだけ指導力があるのかという疑念、仮に努力したところで果たして出場できるのかという不安もあったことでしょう。混乱しないはずがありません。

さらにわたしは監督の妻という、学生からするとどう接していいのかよくわからない存在です。一般企業で言えば、中小企業の社長の奥さんのような立場でしょうか。敷地内に住んでいるのでよく顔を合わせるけれど、一緒に仕事をしているわけではないので、社員としては見かけてもどう話しかけたらいいかわからない、というような感じ。そもそも、話しかけていいものなのかもわからないでしょう。

わたしがこちらからあいさつをすると決めたのは、学生に必要以上に気をつかわせないため、そして、コミュニケーションを深めるためでした。よく知らない人同士が一緒に暮らすのですから、コミュニケーションはないよりあるほうがいいに決まっています。

こちらからあいさつをすると、**最初はみんな同じように見えていた学生たちも、それぞれ個性を持った子たちであることがわかってきました。**

「おはよう」と言うと、「おはようございます」と返してくる子がいます。そのあとに「さっきこんなことがあって」とか「レポートが、ぜんぜん終わらないんですよ」などと続ける子もいます。それがとても長くなる子もいます。まるでこちらが話しかけるのを待っていたかのようです。実際に、会話のきっかけを待っていたのかもしれません。

「おはよう」と言っても、うんともすんとも言わない子もいます。そのときはもう一度、初めより大きな声で「おはよう」と言います。そこで初めて気づいたように「おはようございます」という子もいれば、やはり返事をしない子もいます。**返事をしない子は、別に無視しているわけではない**、とわたしは受け止めました。あいさつに慣れていなくて恥ずかしいとか、その瞬間はあいさつをしたい気分ではないとか、**彼らなりの理由があるのだと思うようにした**のです。

その代わり、というわけではありませんが、大きな声であいさつを返してくれる子、こちらに先んじてあいさつをしてくる子のことは、**ほかの子に聞こえるように「いいあいさつするね！」とほめるようにしました**。

全員がいいあいさつをしてくれるようになるまで、それほど時間はかかりませんでした。家庭や仕事でも同じこと。ケンカをしていても、気まずいことがあっても「おはよう」の一言で、ふっとわだかまりが解ける瞬間があるでしょう。知らない学生たちと暮らして、**自分から声をかけるあいさつがコミュニケーションの第一歩だ**と学びました。

8

ただ話しかけるのではなく、
話しかけたあとの
「相手の反応を
よく観察すること」が
大切なのです。

あいさつに加えて、もうひとつ、自分に課していたことがあります。それは全員と、最低でも1日に1回は会話をすることです。そのためにまず、学生の一人ひとりのフルネーム、所属学部、出身校、ベストタイムを覚えました。

話しかける内容は何でもいいのです。が、**小さな変化に気づいて話しかけることが大切**なのです。

「何してるの？」「おいしかった？」「髪切ったの？」「試験どうだった？」でも、何でもいい。学生はそのときの気分で「何でもないです」「ふつうです」「いいえ」「わかりません」と短く答えることもありますし、「奥さん、聞いてくださいよ～」とそこから長い話になることもあります。**以前、話したことを覚えておいて、何日か後に、「どうだった？」と聞いてあげることが大切なのです。**

そうでないと、ただ意味もなく話しかけているだけになってしまいます。「どうだった？」と聞いてあげることで、学生は「ちゃんと覚えていてくれたんだ」「気にかけてくれていたんだ」となります。その後の学生とのコミュニケーションが、より深くとれるようになっていきます。

延々と話が止まらなくなる子がいるのは、あいさつのときと同じです。だから、**自分が急いでいるときにはわたしからは話しかけません。学生が話したがっているのに、切り上げなくてはいけなくなる**からです。それでは、話しかけた意味がなくなってしまうように思います。

わたしが彼らに話しかけるのは、コミュニケーションをとって寮の雰囲気をよくしたいからです。そのためには、**話をしたがっている子とは、それがたとえ他愛のない内容であってもじっくり話をしたほうがいいと思うし、あまり話したがっていないようなら、無理強いしないほうがいい**と思うのです。

ただ、今となって考えれば、全員に話しかけるのは、寮で生活する学生が20人ほどだったからできたことだと思います。現在、寮生は約40人なので、毎日、全員と話すのはむずかしくなっています。

それでもできるだけ多くの子と話をしたいので、誰かと話をしていて、それが**誰に聞かれてもいいような内容だったら、少し大きな声で話す**ようにしています。そうすると、近くにいる他の子が話に入ってきやすくなるからです。入ってきたい子は入ってくるし、そうでない子は静かに聞いていて、気が乗ったら入ってきて、それまできっかけがなかった子同士が、話をする機会が生まれるかもしれません。入ってこなくても、わたしたちの話を聞いて笑っていれば、それで十分だと思います。コミュニケーションの取り方は人それぞれ。その子なりの方法で心を通わせてくれれば、それでいいのです。

9

主役は
学生であり、監督。
その場の主役を
きっちり立てられるのが
よい裏方です。

学生の前での夫婦ゲンカはガマンしています。

学生の前では監督を立てるようにしています。明らかに監督の言っていることが間違っていると思うことがあっても、学生の前ではそれは指摘しません。あとで2人になったときに、「さっきのは違うんじゃない?」と伝えるに留めます。

その理由は、**学生にとって監督は、絶対的な存在であるべきだ**と思うからです。主役は、寮母ではなく学生、監督です。もしわたしが学生の前で「監督、それは違うでしょう」などと言ってしまっては、監督の立場がなくなってしまいます。


今でこそ成果を出した監督ということになっていますが、寮に来たばかりのころの監督は、実績のない新人で、学生から見ても、この監督についていくしかないとはいえ、本当についていって大丈夫かなと不安もあったことでしょう。監督は思ったことをそのまま口にするタイプなので、学生にはその言葉がきつくあたっているように聞こえることがあったはずです。今はだいぶ丸くなって伝え方もうまくなりましたが、以前は「え、それ言っちゃう?」と驚くようなことを口にしていました。特に最初は、自分が引っ張るんだという思いが強いあまり、学生に対して十分な説明が足りていなかった時期もあったように思います。

その分、監督を盛り立てる必要があったのです。

監督とわたしの間には、いつしかしっかりとした役割分担ができてきました。それは、**監督は「学生の走りの面倒を見る」、わたしは「学生の生活の面倒を見る」**、というものです。わたしも少しずつ、陸上とはどんな競技なのか、どれくらいのタイムで走れるといいタイムと言えるのか、この練習にはどんな意味があるのか、などがわかってきましたが、そこについてはあまり口を挟まないようにしてきました。万一、監督とわたしの言っていることが異なっていたら、学生は戸惑ってしまうからです。青山学院大学陸上競技部では、学生が一番の主役です。その主役を、寮母の余計な一言で迷わせてはならないと思います。

ですから、どれだけできているか不安なところもありますが、**できるだけ学生の自主性を尊重してきました。自主性を促すため、あえて受け身になることもあ**

りました。

わたしは学生に「奥さん」と呼ばれていますが、これは誰かが最初に「奥さん」と呼ぶようになって、それが定着したものです。もし誰かが「美穂さん」と呼んでいたら、「美穂さん」と呼ばれていたかもしれません。あとになってから友だちに、学生に奥さんと呼ばれるなんて変だと言われたことがあり、それもそうかなと思いましたが、「原さん」では監督も原さんだから何と呼ぼうかと悩んだ末に学生がたどり着いた「奥さん」を、わたしは大事にしたいのです。

ふり返ると、寮でのたいていのルールは、このように学生主導で整ってきました。**学生たちが自分事として考えたルールは、しっかり定着しますし、その自主性が学生の成長を促しているの**だと思います。

第2章

誰にも見向きされないときに一生懸命考える人たちが「伝統の根っ子」をつくった。

10

ルールは守る人に
決めさせる。
「自分たちが決めた」と
思えるように
仕向けることが大切です。

監督も初心者、寮母も初心者、そして学生も共同生活の初心者。２００４年春、初心者だらけで寮生活が始まりました。

今でこそ、夜10時という門限がありますが、最初は完全にフリーな状態でした。飲みに出かけて、午前2時ごろに帰ってくる学生もいました。そう気がついたのは、起きて待っていたからではありません。寮内の「原家」は玄関脇にあるので、夜中に帰ってきた学生が玄関のロックを解除するため、暗証番号を入力する「ピッ、ピッ」という音が聞こえていたのです。特に2年生から4年生の中には、それまで一人暮らしをしていた子が多く、習慣を変えるのはむずかしかったと思います。

そうやって夜遊びをして帰ってきた子は、当然のことながら、翌朝の練習に遅刻します。間に合ったとしても、ぼーっとして身が入らないこともあります。

わたしはほかの大学がどんな練習をしているのか知りませんでしたが、でも、さすがにこれではまずいのではないかと思うようになりました。箱根駅伝のすごさを知らないわたしの目にも、彼らのだらけた雰囲気は、それを目指す学生の生活には見えなかったからです。

監督はというと、あまり気にしていないようです。というのも、大学時代はゆるい練習をしていたらしく、本格的に練習したのは実業団の中国電力に入ってから。実業団ではみんな走ることが仕事、走れなくなったら辞めなくてはならなくなるかもしれないという意識を持っているので、自分に厳しく、追い込んだ練習ができるようなのです。

監督にはその印象が強いので、学生にも最初は自主性を求めたようでした。練習への取り組み方はその人次第、寮の部屋でお酒を飲むことを禁じなかったのも、学生を大人扱いしていたからでしょう。

これでは**3年以内に箱根駅伝に出場するなんて、とても無理**なのではないか。そう、監督に話したことがあります。しかし監督は、強要してもうまくいかないと言います。たしかに、勉強しろと言われると、それが自分のためを思ってのアドバイスだとわかっていても、とたんにやる気を失うもの。**頭ごなしの命令は、**

いい結果を生みません。

ところで、箱根駅伝というとお正月の2日・3日という印象がありますが、それは「本選」で、前の年の秋に「予選会」があります。その年の本選でシード権を得られなかった大学と、そもそも本選に出場できなかった大学は、その予選会を突破しないと本選には出場できません。当時の青山学院大学陸上競技部にとって、ターゲットはその予選会でした。

予選会は10月に行われます。新年度が始まった半年後には、4年生が箱根路を走れるかどうかが決まってしまうのです。最初の年、青山学院大学は予選会を16位で終えました。もちろん本選には出場できません。4年生は、この時点で引退となります。

すると、学生はその瞬間に最上級生となった3年生を中心に**「このままでは自分たちも箱根駅伝に出られない」とだんだん考えるようになってきました。**

それまでも彼らは「箱根に出たいか」と聞かれれば「出たい」と答えていました。ただ、そのためにはどこまで真剣になるべきなのか、果たして自分たちの自由を犠牲にする勇気があるのか、彼ら自身が量りかねていました。生活がいまひとつぴりっとしなかったのも、本気で目指すかどうかを決めかねていたからでしょう。

このままでは絶対に無理だ。そう気がついた子たちは、自発的に、今の生活を変えたいと言い出しました。考えてみれば彼らだって、自由な一人暮らしを手放すという犠牲を払って寮生活を選んでいます。なぜそうしたのかと言えば、やはり箱根駅伝に出たいから。歓声を受け、青山学院大学のユニフォームにフレッシュグリーンのタスキをかけて、大勢の前を走りたいからです。

だからこそ、彼らの心に火がついたのだと思います。さらに厳しいルールが必要だという声が自然とわき上がりました。箱根駅伝に出られるならどんな努力でもしたい、それが必要なら厳しいルールも守りたい、と意識が変わったのです。

監督はその変化を見逃しませんでした。

6時に寮の前に集合して朝練へ出発（現在は5時半に市民球場集合と、さらに早くなっています）。夜は10時が門限で、食事は一緒に食べる、部屋での飲酒や茶髪、ギャンブルは禁止といったルールが、監督と学生の合意の下で決まったのは、寮生活が始まって、ほぼ1年がたってからのことでした。

一般の大学生と比べると、かなり厳しいルールです。正直に言えば、音を上げる子もいました。でも、**勝つためにはどんなことでもしたい、厳しいルールも守りたいと思った子たちは、歯を食いしばってそれを守りました。自分たちで決めたルールなのだから**という思いもあったでしょう。頭ごなしにあれをしなさい、これをしなさいと言わず、彼らに任せてよかったなと思いました。

もし、わたしがしびれを切らして、学生に生活態度のあれこれをガミガミと注意していたら、どうなっていたでしょう。素直に聞かないばかりか、反発する気持ちを抱く学生もいたでしょう。

同じように会社や家庭でも、部下や子どもにいろいろと言いたくなる場面がたくさんあると思います。でも、**自分で気づかない限り、人はなかなか変わらないもの。ぐっとこらえて、見守ることが必要**かもしれません。そして、**気づいたかな、というときには、一気に背中を押してあげる**ことが大切だと思います。

11

「ネガティブな言葉」は、
「ポジティブな言葉」よりも
早く伝染します。

最初の年の予選会で16位に終わったことで、わたしもわたしなりに箱根駅伝出場という目標の途方もない大きさを思い知りました。あと2年でそれが達成できるだろうかと考えると、気が遠くなりました。

でもそこには、出たい、という子たちがいました。4年生の引退を受けて、最上級生になった3年生を中心に、自分たちが変わらなくては箱根駅伝には出られない、変われればもしかすると出られるのではないか、と考えるようになった子がいたのです。

当時の3年生といえば、青山学院大学では監督やわたしよりも先輩です。彼らは、わたしたちが広島で暮らしていたときにはすでに青学生でした。そして学校の方針で、箱根駅伝を目指し陸上競技部が強化されることを知らず、高校生のときにやっていたので大学でも続けたい、長距離はわりと得意だったからという理由で陸上競技部に入っていた子たちです。入部の理由は、就職にプラスになりそう、体育会で大学生活を満喫したい、といったものだったかもしれません。

覚悟を固めるには時間が必要です。しかし彼らは、入部してしばらくしてから突然、大きすぎる目標を与えられていて、じっくり時間をかけて覚悟を決めることができませんでした。戸惑って当然です。その結果、入寮が義務づけられたことや、そこまで本気になれないといったことを理由に、陸上競技部を辞めていく子もいました。

一方でわたしたちの着任と同時に入学、入部してきた1年生は、監督が全国を歩いてスカウトした子ばかりで、青山学院大学の代表として箱根を走りたいという目標を持っています。当時の1年生と2・3年生の間に意識の差があったのは間違いがないでしょう。ただ、その3年生の中から、本気で箱根を目指したいという子が出てきたことは、わたしには大きな喜びでした。

しかし、全員が全員、箱根に向けて切り替えられたわけではありません。16位という結果を前に、あと1年頑張っても無理だと思った子もいます。寮の中で、箱根を目指すと決めた子と、あきらめた子の間の溝は深くなっていきました。

もしも監督と寮母に豊富な指導歴と、非の打ち所のない人格、誰をも惹きつけるカリスマ性が備わっていたら、あきらめた子を奮起させられたかもしれません。

しかし、少なくとも当時のわたしたちにはそれはむずかしいことでした。

そうである以上、監督やわたしが守らなければならないのは、一部の子たちの中にある「本当に箱根を走りたい」という気持ちです。水は低きに流れ人は易きに流れる、と言いますが、彼らの中にある箱根を走りたいという目標が、あきらめた子の影響で失われないようにしなくてはなりません。


寮母であるわたしは、監督の耳目《じもく》を補佐することにしました。


学生は、陸上の指導者である監督に対しては、面と向かっては刃向かいません。箱根を走りたいかと聞かれれば「走りたい」と答えます。

しかし、陸上を知らないわたしの前では油断をして「なんでこんなことやらされるんだ」「あんな練習に意味があるのか」「どうせ箱根なんか無理だ」などと言う子もいました。

わたしは告げ口は嫌いです。でもこのときは、学生が言っていたポジティブなこともネガティブなことも、すべて監督に伝えました。**ネガティブな言葉はポジティブな言葉よりも、早く、強く伝染します。**ネガティブな言葉は、本気で箱根を走りたい子から本気を奪ってしまうかもしれません。ですから、彼らに箱根を走らせたいと考えている監督のためには、告げ口が必要だと思いました。

箱根に出たいと願い、最後までその夢に向かってできる限りのことをしたその世代は、箱根駅伝の予選会を13位で終えました。やはり、本選出場は叶いませんでした。しかし、突然与えられた目標に真摯《しんし》に向き合った彼らが試行錯誤をしながら、寮のルールなど、今の青山学院大学陸上競技部の根っこをつくったのは間違いありません。その後の三連覇の基礎をつくってくれたのは、苦しい時期に礎《いしずえ》を築いてくれた彼らだと思っています。

12

苦しいことをやるとき、
「その意味を理解する子」は
伸びるのです。

わたしが監督にすべてを伝えていたのには、もうひとつ理由があります。

「なんでこんなことやらされるんだ」「あんな練習に意味があるのか」

こういった**疑問を持つ子に対しては、「なんで」「意味があるのか」の部分に、しっかりとした答えを示してあげることができれば、目的を理解し、真摯に取り組むようになる可能性が高いと考えた**からです。その疑問が、練習したくないがための言い訳ではなく、シンプルに迷いのもとになっているのであれば、それを取り除いてあげるのは周りにいる大人の役目だと思います。

それでなくとも、基礎体力づくりのためには、つらいトレーニングが欠かせません。持久力をつけるには、長い距離を走ることが必要です。もしもそれに**何の意味があるのか、どんな目的があるのかを理解していなければ、彼らはとてもそのトレーニングを乗り切れない**と思います。陸上競技はそれほど厳しいのです。

ですから、**乗り越えた先に何が待っているのか、イメージさせてあげることが**

指導者の大きな仕事だと思います。ただ理由や目的を伝えるだけでなく、そうすることでどんないいことがあるのかを理解するところまで、導いてあげるのです。

大学生とはいえ、まだ子ども。教室へ行けば楽しく大学生活を満喫している友だちがいるのですから、陸上に専念するには、**「やりなさい」と言うのではなく、「やったほうが自分のためになるな」と自分自身が思えるようになるためのサポートは欠かせません。**

このようなサポートは、お子さんを持つお母さんや、部下のマネジメントで悩むビジネスマンの方にも、通じる方法かもしれません。

ただときどき、**そこまでのサポートをしなくても、黙々とトレーニングをこなせる子もいます。**彼らは、思考を停止して機械的に体を動かしているわけではないのです。説明されるまでもなく、トレーニングの意味、それが何をもたらすかを理解しているのです。

そういう子は、驚くほど伸びていきました。**サポートの仕方もいつも同じやり方ではなく、相手に応じたやり方が大切だと思います。**

13

誰も相手にしてくれないときは、
懸命に応援する。
チヤホヤされだしたら、
冷静に見るようにします。

２００９年に33年ぶりに箱根駅伝出場を果たし、２０１５年に初優勝し、２０１７年には三連覇を達成し、青山学院大学陸上競技部はたくさんの人に応援してもらえるようになりました。学校関係者、駅伝ファン、近所の方からも温かい目で見守っていただいていて、本当に感謝しています。

しかし、寮が立ち上がったばかりのころは、まったく注目されていない存在でした。

青山学院大学のことは知っていても、陸上競技部があるんですか？　という反応をする人が多かったですし、箱根駅伝を目指していると知っても、大学のイメージにそぐわないのではという反応をする人もいました。わたし自身も寮母になるまでは、アオガクといえば都心にあるおしゃれな大学という印象が強く、スポーツの印象は持っていませんでした。

近所の方は、住宅地に突然、大学の陸上部の寮ができたことに戸惑われたことでしょう。朝早く、朝練のために寮の前に集合して走っていく様子を見て「何の集団だろう」と思った方も少なくないと思います。それが青山学院大学陸上競技部だと知ってからも「なぜ毎朝走っているのだろう」と思われた方もいるでしょう。邪魔だ、うるさいと感じた方もいるはずです。実際に、そういった声はわたしたちの耳にも届いていました。近所の方の戸惑いはよくわかります。わたしも、ある日を境に、長年暮らしている自宅周辺を走る集団が出てきたら「何だろう」と思うはずです。

ただ、わたしは寮母です。ときには不審な集団と見られてしまう学生の側に立たなければなりません。

青山学院大学陸上競技部を応援してくれる人がいなかったこの時期、わたしは、彼らの一番の応援団であることに徹しました。

このころはまだまだマネージャーの数が少なかったので、学生を乗せた車をわたしが運転して試合会場まで送り届け、そのままビデオの撮影やタイムの測定をすることもありました。そのときには、黙って見ているのではなく、周りの大学の選手の後輩やOB、ファンがそうしているように、それ以上に、大きな声を出して走る彼らに声をかけました。

わたしが声を張り上げなくても、学生はわたしがそこにいることをわかっています。もしわたしが寮で留守番をしていたとしても、応援していないわけではないと理解してくれていたでしょう。でも、**本当に応援しているのだということを伝え、わかってもらい、少しでもそれを力や自信に変えてもらうには、実際に声を出して応援するのが一番**だと思ったのです。

そのうち学生も「奥さんの声、聞こえてましたよ」などと言ってくれるようになりました。彼らも、たったひとり、寮母からであっても、応援がないよりあったほうがうれしいにきまっています。身近な立場の純粋な気持ちから生まれる応援は、わたしの想像以上に頑張っている人に届くのかもしれません。

今はもう、わたしは声を張り上げて応援することは滅多にありません。ビデオ撮影や測定は学生マネージャーがしてくれますし、それに、たくさんの人が学生を応援してくれるようになっています。

彼らがランニングしているところにたまたま通りかかった人でも「あの青山学院大学の駅伝の人たちだ」と一目置き、好意的に見てくれます。

応援してくれる人がこれだけいる今、わたしには応援団ではなく、別の役割が求められているように感じています。

応援され、取材を受ける彼らは、うれしさのあまり、舞い上がってしまうことがあるかもしれません。実は、メディアに大きく取り上げられても、たいていの子はかなり冷静です。ただ、以前より多くの視線を浴びるようになった結果、それまでと同じようにふるまっていても、尊大に見えたり、生意気に見えたりすることはあるでしょう。

取材を受けた子たちには、冗談半分に「ちょっと最近、調子に乗ってるんじゃない?」などと声をかけたりします。**無名だったころの彼らを応援できたのはわ**

たししかいなかったように、今、彼らをやんわりと戒《いまし》めることができるのは、もしかすると寮母のわたしくらいしかいないかも、と思っているのです。

14

説得力を持つために、
身ぎれいにする。
主役じゃなくても、
いつも人に見られている、
という意識を持ちましょう。

監督はよく学生に、「青学生たる者は格好よくなければならない」と言っています。

青山学院大学には、おしゃれでスマートなイメージがあるのでそのイメージを崩すのはやめよう、格好よくいたほうが、自分たちも自信が持てるし、応援もしてもらえるはずだ。そんな意味を込めているのだと思います。

かつては、寮のルールを守れなかったら丸坊主にするという、学生が自主的につくったルールがあったのですが、「坊主頭は格好よくない」という理由で廃止になりました。

わたしは、学生の髪が伸びすぎているときには「切ったら」と言いますし、服装がだらしなければ注意します。だらしないままにしているのは、格好よくなくなりつつあることに、自分で気がついていないからでしょう。**周りからはこう見えているよと伝えることは、生活を預かっている者の役割だ**と思います。

ですからわたしも学生から「俺たちには注意するけど、奥さんはだらしないな」と思われるわけにはいきません。説得力がなくなってしまいます。あまりだらしない格好をしていると、信頼されないだけでなく、親しみもわかないように思います。

寮にきて間もないころは、学生との距離の取り方に迷っていたこともあり、寮内の「原家」から出るときには必ずお化粧をしていました。いつしかその習慣はなくなりましたが、あまりにだらしなく見られるような格好は、今もしていないつもりでいます。

その点、監督にはつねづね、問題があると思ってきました。

陸上競技者はあまり体重が増えすぎると、故障しやすくなります。ですから、体重管理も大切な仕事です。監督は、重量オーバー気味の学生に対してははっきり「痩せろ」と言います。なのでわたしも何度となく、監督に少し痩せるようにと言ってきました。監督自身はもう走りませんが、でも、あまりに恰幅《かっぷく》がいいと痩せろという言葉に説得力がないからです。

ただ、箱根駅伝で優勝して露出が増えたことで、以前よりは外見に気をつかうようになりました。起きたままの服装で学生の前に出てくることはなくなりましたし、近所に出かける前には寝癖にドライヤーをあてるようになりました。

サポートする側は、表に出る学生や監督とは違って**裏方です。だからといって、身なりに気をつかわなくてよい、ということにはならない**と思います。

寮だからといって、わたしは上下ともジャージを着たりはしません。ちょっとでいいから、お化粧をして、好きなネイルをして、と自分が毎日、楽しく過ごせることも大切だと思っています。

15

覚悟がなければ、つくればいい。
続けていれば、自然と覚悟は
できるものです。

監督は3年契約の嘱託職員として、2004年に監督の仕事をスタートさせました。ミッションは、1976年を最後に遠ざかっていた箱根駅伝への出場です。安定していた職を辞し、買って間もない家も人に貸し、背水の陣で上京してきました。3年たっても箱根出場が叶わなかったら、その先、どうなるかはわかりません。そんな監督について、わたしも先の見えないまま、寮母として生活することになりました。

学生とのコミュニケーションに戸惑ったのは、これまで書いてきたとおりです。しかし、接しているうちに、案外と幼い大学生をかわいいと感じるようになりました。文句を言ったり愚痴ったりすることもあるけれど純粋で、思うようなタイムが出なかったりケガをしたりしても、箱根を走ることをあきらめきれない彼らを見ていると、だんだんと情が移ってきました。陸上がわからないなりに、この子たちに箱根を走らせてあげたいという気持ちが、自然とわいてきました。

それまでは、与えられた課題だから出場させなければならない。でも、できないかもしれないと揺れ動いていたのが、**何が何でも出場させてあげたい、走らせたい、と気持ちが固まってきた**のです。ちょうど、寮母になって、半年くらいがたったころからでしょうか。**こんなに頑張っているこの子たちが箱根を走れないなんておかしい！　と、わが子を溺愛する親バカのような気持ちになっていました。**

するといつの間にか、3年たっても箱根駅伝に出られなかったら……などということは考えなくなりました。それよりも、**出るためにできることは何でもしようと意識が変わった**のです。陸上競技そのものに興味を持つようになり、トレーニング内容などが気になるようになったのもこのころです。

ときどき、寮母としての覚悟はいつできたのかと聞かれるのですが、きっとこうして、少しずつ、覚悟が固まってきたのだと思います。少なくとも、上京して着任したばかりのときには持ち合わせていませんでした。わたしを本気にさせてくれたのは、かわいくて一生懸命な学生たちだったのです。

これは新しい、そしてうれしい発見でした。何かに取り組むときには、**覚悟はなくてもいい。覚悟とは、やっているうちに自然と育まれていくものなのだ**と気がつきました。やってみなければ何も始まらないのです。

16

支える立場だからこそ、
つねに冷静に。
周りが焦っているときこそ、
「平常心」でいないと
いけないのです。

覚悟は自然と生まれ、育まれるもの。裏を返せば、無理やり持とうとしたり、持たせようとしたりしても、それはできないのでしょう。

わたしがいくらかわいい子たちに箱根を走らせたいと思っても、彼ら自身が本気にならなければ、それは絶対に達成できません。彼らに覚悟があったとしても、同じように箱根を目指している大学がほかにもある以上、予選で負けてしまったら、それまでどれだけ犠牲を払っていたとしても、どれだけ努力をしていたとしても、本選には出られません。非情ですが、これが勝負事の世界です。

そうわかってからは、**自分が走るわけではないわたしは、つとめて冷静でいようと心がけました**。当事者ではないわたしがエキサイトしすぎても、いいことがありません。

監督は、学生に箱根を走らせたいと強く思っています。学生も、箱根を走りたいと強く思っています。その思いが強ければ強いほど、寮母のような立場の人間が冷静でないと、みんなが暴走してしまいかねません。

人は一生懸命になればなるほど、焦ったり、必要以上に不安になったりします。わたし自身も経験があります。**思い入れが強すぎると、周りが見えなくなってしまう**のです。

そういうときには、**かたわらに冷静な人がいると助かります**。冷静と言うより、平常心でいる人と言ったほうがいいでしょうか。当事者に対して、平常心を保てという言い方をすることがありますが、言われて平常心になれる人はそうはいません。**当事者が熱くなればなるほど、かたわらにいる人は平常心を保ち、平常心でしかできないサポートをしたほうがいい**はずです。

平常心を持ち、冷静でいようと思ったのにはもうひとつ理由があります。監督にもわたしにも、3年以内に箱根駅伝に出させたいという思いはありました。最初から3回〝も〟チャンスがあったのです。

しかし、箱根を目指すと決めたときに4年生だった学生にはチャンスはたったの1度、3年生にも2度しか、ありません。それに、厳しい練習を乗り越えたとしても、すべての学生が予選会に出場できるわけではありません。その先の本選に出られるかどうかは勝負の結果次第です。どれだけ努力しても夢が叶わないかもしれない、むしろ、そのころの実力では、叶わない可能性のほうが高かったでしょう。それでも、ごくわずかな可能性に賭けて、陸上に集中するという決断をしたのが彼らです。

そういう状況で努力する当事者と、それを支える立場の人間はまったく異なります。先が見えない分、**焦ったり不安になったりしながら努力する当事者のほうが、よほどつらい**と思うのです。

それもあって、わたしは自分は当事者ではないのだからと、冷静でいよう、平常心でいよう、とつとめました。わたしまで焦ったり不安になっていたりしたら、それは学生に伝わってしまい、よけい焦らせたり不安にさせたりしてしまいます。それは、支える側の人間が決してやってはいけないことだと思うのです。

家庭でも子どもが受験を控えていたり、家族が大きな岐路に立たされたりしたときも、きっと同じでしょう。**支える人はどんなに不安でも、平常心といつもどおりのリズムで接することが、相手の大きな安心感につながる**と思うのです。

17

どん底で辞めるなんて簡単だ。
ここまで
ふり回されたのだから、
このままでは終われない、
という気持ちになります。

3年契約で就任した監督が率いた青山学院大学陸上競技部は、最初の予選会で16位、翌年は13位、その翌年は16位という結果に終わり、3年続けて本選出場を果たすことはできませんでした。監督はこのまま契約が解除されるのが既定路線でした。

ただ、3年目の予選会での敗退が決まったとき、わたしが最初にしたことは、新しい職を探すことでも、広島へ帰るために荷物をまとめることでもありませんでした。やったのは、監督を焚きつけることでした。

「もう1年、やらせてもらえるように大学に頼んで。土下座してでも！」

最終年の16位という順位は、決して期待していたようなものではありませんでした。もっと上を目指していたはずなのに、前年よりも順位を落としてしまったその最大の理由は、寮、つまり部内がだいぶがたついていたことにあると思います。

この年がラストイヤーになると思っていた監督は、前年、高校生のスカウティングの方針を変えていました。それまでは記録もさることながら人間性をかなり重視してスカウティングをしていたのですが、その年は、とにかく結果を出そうと、人間性は後回しにし、記録優先で高校生を集めたのです。そこには、監督が旧知の高校の先生からは「あの子は採らないほうがいい」と言われた子も含まれていました。それでも監督は、その子も箱根駅伝には出たいだろうから、きっと生活を改めるだろうと期待、いえ、信じたようです。

ところが、それが裏目に出ました。高校の先生の指摘は正しかった。その子は、寮のルールを守らないどころか、周りに悪影響を与えるようになりました。しかし陸上の実力はぬきんでているので、先輩もあまり強く言えない。

結局、この年の新入生は歯が抜けるように辞めていきました。もちろん残った子もいたのですが、実力者が抜けていくことには不安を覚えたでしょう。16位という結果に終わったのには、こういった背景があったのです。3年間の努力は水泡に帰したような気がしました。

でもそれよりも強かったのは、**ここであきらめたくない**という思いでした。**今、**

辞めるなんて、誰にでもできます。どん底で投げ出すのは、楽でもあります。あと1年やらせてもらえたとしても、やっぱり箱根には届かなくて「こんなことならあのとき辞めておけばよかった」と思うかもしれません。

40歳を目前にした監督も、新しい仕事を探すなら、1日でも早いほうがいいはずです。でも、そんなことよりもわたしは、**毎日頑張っているこの子たちを、どうしても箱根に出してあげたい。あと1年あれば、それもできるのではないかと**思っていました。

4年目には、監督の就任と同時に入学・入部してきた子たちが最上級生になります。1年生のときからずっと一緒にやってきた彼らなら、箱根に届くのではないか。その思いは、半ば願望でもありましたが、半ば、根拠のあるものでもありました。陸上を知らなかったわたしも、3年かけて少しずつ学んでいました。**来年ならいけるかも、という予感があった**のです。

監督は大学の理事たちを前に、あと少しで箱根に届くところまできている、学生たちも厳しい寮生活にたえて頑張っている……、と必死にプレゼンをしました。
また、この年に最上級生になった学生たちも、**原監督と一緒に箱根に出たい、もう1年原監督でやってほしい**と大学に言ってくれました。こうしてようやく、1年間の任期延長を手にしました。

学生と監督とわたしの「**このままでは終われない**」という強い気持ちが、箱根駅伝にまた挑戦できるチャンスをもたらしたのだと思います。

18

「あきらめない気持ち」と、「自主性」が合体したとき「最高の結果」がついてきます。

1年間の任期延長となった監督が、その当時のキャプテン・檜山《ひやま》雄一郎君と何度も話し合っていたのを今でもよく覚えています。その結果、寮では一人部屋が廃止となり二人部屋になるなど、ルールはさらに厳しいものになりました。それでも、誰も文句を言おうとはしませんでした。

この世代の、箱根に絶対に出るんだ、という気迫は鬼気《きき》迫るものがありました。

厳しいルールを自らに課し、破る子がいれば自分たちで話し合いをして、二度とそういうことのないようにしようという結論を出していました。就任直後に**監督が学生に期待していた自主性が、予想以上の形で表れた**のです。そして、実力的にも他校に引けを取らないこの世代は、ついに本選出場を射程圏内に捉えるところまで力をつけました。

10月、翌年の本選出場を賭けた予選会を檜山君は走りませんでした。直前になって故障してしまったのです。彼の悔しさは、チームメイトの全員がよくわかっていました。その日走った学生は檜山君の分も、と力をふり絞って9校の出場枠に入ろうとし、応援に回った側は、檜山君と一緒に精一杯の声援を送っていました。

全員が走り終わり、出場者のタイムを計算すると、青山学院大学は9位。例年なら、ギリギリで本選出場決定です。しかしこのころは、今は廃止されたルールがありました。予選会のタイムが7位以下の大学は、この予選会のタイムと、インカレポイントという、5月に行われていた関東学生陸上競技大会（関東インカレ）の結果によって生じたポイントによる「最終総合タイム」によって本選出場が決まることになっていたのです。

その結果、最終総合タイムは10位。**タイム差わずか1分19秒**。あと一歩のところまで来たのに、この年も本選出場を逃すことになりました。前年までと同様にわたしもその会場にいましたが、本選出場がするりと手の中から逃げていったような感覚は、今でも忘れることができません。

ただ、この結果がのちのち、監督の契約の再延長につながります。予選会で次点となった大学の監督は、学連選抜（現在の学生連合）の監督を務めることになっています。監督にそのおはちが回ってきたのです。それまで、学連選抜はなかなか上位に食い込めずにいましたが、監督が率いたチームは学生の自主性と連帯感を引き出したこともあって4位に入り、学連選抜史上最高位を記録したのです。

この結果が、監督の契約を延長させ、また、翌年の予選会から本選に出場できる大学の枠を、ひとつ増やしました。これに加えて、第85回大会となる次回は、記念大会ということもあり、ラッキーなことに出場枠が3つ、増えることが決まっていました。

そして迎えた翌年、2008年の予選会も、走り終えて計算をしてみると、再びギリギリでした。

いよいよ、本選出場枠、最後の校名が読み上げられます。

「**青山学院大学！**」

最後の予選通過校の名前が読み上げられた瞬間、学生たちはそれまで心の中にため込んでいたものを、歓声として一気に放ちました。やっと予選を突破しただけなのに、まるで優勝でもしたかのような喜びようです。監督も何か叫んでいます。

涙でにじんだ景色の中で監督の胴上げが始まり、本当に予選会を突破したんだという実感がようやくわいてきました。

そしてそのうれしさを上書きするように、別の思いもこみ上げてきます。どうしてこれが去年じゃなかったんだろう、ガタガタになったチームを立て直してくれた檜山君たちの世代じゃなかったんだろう、**もう1年早くてもよかったはずなのに——。そう思うと、うれし涙とかなしい涙があふれて、何も見えなくなりました。**

19

自主的にやる子が増えれば、
チームは強くなる。
できる子は、
次の目標を自分で
高くしていくのです。

２００９年１月、33年ぶりに出場した箱根駅伝本選の結果は、総合22位でした。途中棄権した１校を除けば最下位です。

その理由ははっきりしています。念願だった予選会突破、本選出場を決めたことで、学生たちはすっかり燃え尽きてしまったのです。そこから、本選での目標を立て、そこへ向かって努力する気力も体力も残っていませんでした。

監督も、それをよしとしていた節があります。本選は、予選会を勝ち上がった学生へのご褒美。記録よりも、憧れていた箱根路を楽しんで走ることを優先させていました。わたしも、毎週のように外食に出かける彼らに、見て見ぬふりをしていました。そうしてあげたくなるくらい、うれしそうだったからです。

だから１月３日、10区を走った宇野純也君が１位に20分近くの差をつけられて大手町でゴールテープを切ったとき、順位とは無関係に、みんな笑顔で彼を迎え入れ、ついに箱根を走ったという喜びを分かち合いました。10位以内に入れば獲得できるシード権は確保できていないので、また次回も予選会からの出発になり、厳しい戦いを勝ち抜く必要があるのですが、誰もそんなことは気にしていないように見えました。

ところが、それは誤解でした。大会が終わり、青学会館で慰労会をしてもらい、寮まで送ってもらうバスの中で、4年生の引退を受けて最上級生になった3年生は、早くも翌年のプランを話し合っていたそうです。そのときわたしはまだ、ついに箱根駅伝を走らせることができた喜びに浸っていて、翌年のことまでは考えていませんでした。ところが**3年生は、自分たちの世代の目標を自発的に設けようとしていたのです。その目標とは「来年も箱根駅伝に出る」ではなく「今度はシード権を獲《と》る」**、つまり、総合10位までに入ることです。

あとになってその話を聞き、わたしははたと気づかされました。次の世代には、箱根駅伝に出ただけで満足できる子はもういない。みんな、前の代を超えたいという意欲を持っている。彼らにとって、箱根路を走ることは最終目標ではなく、通過点。**前を向いて先だけを見ている人にとっては、現状はもう、目標ではない**

のだと実感しました。

彼らがそう思うなら、こちらとしてはまた、全力でサポートするのみです。その瞬間から、**照準は10月の予選会ではなく、1月の本選に切り替わりました。**

そして次年度の予選会は8位で突破し、本選でも、シード校と互角の戦いをして総合8位に入ります。

本選出場まで5年かかったこともあり、わたしはシード権を獲《と》れるようになるまでにはそれ以上の時間がかかると思っていたのですが、この躍進には学生の力の思った以上の大きさに驚かされました。

翌年も、２区を走った出岐《でき》雄大《たけひろ》君の活躍もあって、総合9位でシード権を獲得。その翌年も2区で出岐君が区間賞を獲得し、過去最高の総合5位。こうなると、箱根を走ることではなく、箱根で勝つことを目標に、青山学院大学陸上競技部を選ぶ子が増えてきます。さらに翌年も総合8位、続いて総合5位とシード権をキープし続けます。このころには、**シード権獲得はもう目標ではなく、完全に通過点になっていました。**そしてついに、２０１５年、第91回大会を迎えます。

「これまでで一番うれしかったのは、２０１５年の初優勝のときですか」と聞かれることがときどきあります。

もちろん、優勝はうれしかったです。まさか出場7年目で、頂点に立てるとは思っていませんでしたから、喜びはひとしおでした。

でも、わたしが一番うれしかったのは、２００８年に初めて予選会を突破したあのときなのです。

第３章

いいチームができると「火事場のバカ力」が出せるようになる。

20

好きな人とだけつき合わせないようにする。シャッフルすることで「団結力」が生まれるのです。

学生が本気になったことで、寮にはいつの間にかたくさんのルールができていました。

そのうちのひとつに、食堂の席替えがあります。食事は決まった席でとること、その席は月に1度、シャッフルすることがルールになっています。

席を自由にせず、決める理由は、そうしないと、いつも同じメンバーとばかり食事をすることになってしまうからです。気の合う人とばかり一緒に食事をしていると、その人とは深く仲よくなれますが、それ以外の人とは親しくなれません。

ここが教室なら、たくさんいる学生の中から親友を見つけるため、それでもいいのかもしれません。しかしここは陸上競技部の寮。しかも、本来は個人競技である陸上を、駅伝というチームで戦うことを選んだ子の集まった場所です。**チームの結束力を高めるには、一部の人と深い関係を築くことより、すべての人との間から垣根を取り払い、広い関係をつくることが重要だ**と思います。

ひんぱんに席替えをすると、箱根駅伝の中継で何十分間もテレビ映像を独占していた学生と、入りたての新入部員が隣の席になることもあります。新入生にとっては、緊張で何を話したらいいかわからないかもしれません。
でも、そこで一言でも二言でも言葉を交わせば、遠い存在だった先輩が身近に感じられるでしょう。話をする前と後とでは、その先輩の応援への熱の入り方が違うはずです。それが、チームとしての力が強くなる素地を育むのです。

青山学院大学はなぜ駅伝に強いのか、と聞かれることがあります。個人のタイムを積み重ねてみると他校と同程度なのに、駅伝となると大差がつくことをその人は疑問に思っているようでした。**わたしはその理由を「団結力」だと思っています。**

寮で一緒に暮らしていて、大きな家族のような関係になっていると、誰もが誰かのために頑張れるし、ときには、身を引くこともできるようになります。

2年連続でシード権を獲得した世代の立役者に小林駿祐《しゅんすけ》君がいます。主将として10区を走り、ゴール直前で熾烈《しれつ》なシード権争いをしながらも、気迫でシード権を死守した学生です。彼はその前年の大会でも箱根を走る10人に入る実力を持っていましたが、直前になって自分から「メンバーから外してください」と申し出てきました。足を痛めていたのです。

箱根を走るために青山学院大学に入学し、陸上競技部に入ったのですから、どうしても走りたいという思いはあったでしょう。種目が駅伝でなく、単独で走るマラソンなどであったら小林君は強行出場していたかもしれません。

しかし、種目は駅伝です。もし足の痛みを隠して出場し、十分な走りができず、シード権を失うようなことがあったら、目標に向けて1年間努力してきたチームのみんなに迷惑をかけてしまいます。

過去には他校で、故障をしても期待されてきた自分は走らなくてはならないと出場し、その結果、途中棄権になってしまったこともあると聞いています。

小林君は、自分の走りたいという思いを満たすより、チームがよりよい成績を収める可能性の高い選択をすることを優先させました。それができたのは、肩を並べて同じ釜の飯を食ってきた、たくさんのチームメイトがいたからだと思います。彼らのことを思ったから、走りたくても走らないほうがいいという判断ができたのです。

21

「どうせダメなんでしょ」と
いう応援もある。
ほめてほしい子には、
ちょっとしたダメ出しを
するのです。

人間、誰もがそういう面を持っていると思いますが、学生はほめてもらうのが大好きです。自己ベストを更新したり入賞したりすると、周りは「おめでとう」と言ってくれるので、照れながらもうれしそうにしています。

そういうとき、わたしは遠巻きにして見ています。**みんながほめるときには、わたしまでほめる必要がない**と思うからです。それでもわたしに対して、「奥さん、聞いてくださいよ」と〝ほめてアピール〟をしてくる子は少なくありません。彼らが本当にしてほしいのは、話を聞いてもらうことではなく、ほめてもらうことなのですが、さすがに「ほめてくださいよ」とは言えないようです。

何かを達成する以前、目標を掲げただけでも「聞いてくださいよ」と来る子もいます。たとえば、少し厳しいトレーニングを取り入れることにしたときなどがそうです。その目標がどれだけ挑戦的なものかを語り、そして「どうですか」とこちらに迫ってきます。「すごいね」「頑張ってるね」と言ってほしがっているのが丸わかりで、本当にかわいい子たちです。

そういうときは、「けっこう大変だと思うけど、頑張ってね」と言う代わりにわざと**「どうせ3日間くらいしか続かないんじゃないの?」**と言うことがあります。なぜこんなことを言うかというと、ほめてもらいたがっている子の返事は決まって「そんなことないですよ」「できますよ」といったものだからです。

これで、約束の成立です。その子はわたしの前で「やります」と宣言したことになります。

3日たったら、約束が守られているか確かめます。こちらから「まだ続いてる?」と話しかけるのです。すると、得意げに「当たり前じゃないですか」と返ってきます。そうしたら「でもたぶん、三日坊主だね、1週間は続かないね」「そんなことないですよ」。その後は、その繰り返し。

ほめてほしい学生と、なかなかほめないわたしの応酬が続き、そうしているうちに、学生はそのトレーニングを本当に習慣化していきます。

ほめてほしがる子は、成長したいという意欲があり、その自信もある子です。その子の意欲や自信をどう引き出すか、ほめてほめてほめ倒して引き出す方法もあると思うのですが、ほめてほしがる子には、少し疑っているふりをするほうが合っていると思っています。

わたし自身も、そうやってけしかけるほうが性に合っていますし、**ほめているだけでは「やります」という約束は引き出せないから**です。

最近は、わたしがストレートにはほめないことをわかっていて「どうですか奥さん」と言ってくる子もいます。その場合は、もはや楽しむためだけの会話になってしまいますが、それもいいコミュニケーションになっていると思います。

22

自信を失った子には、
話をするのではなく、

「話を聞く」。

ほうっておいてほしい子は、

「ほうっておいてあげる」

ことも気づかいです。

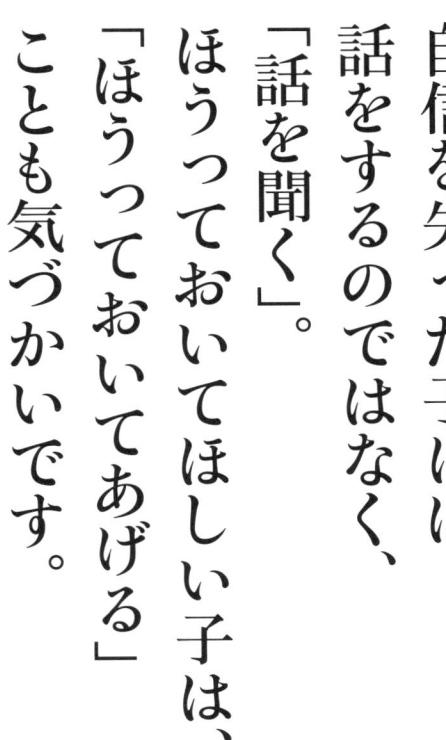

学生がほめてほしがるのは、意欲も自信もあるときです。頑張っているのに記録が伸びない、故障してしまった、などといった場合、学生からはほめてほしがる余裕が失われます。監督から叱られたときなどもそうです。

こういう状態に陥った子に「どうせダメなんでしょう」とは絶対に言いません。状況を悪化させるだけだからです。

調子を落としたとき、試合で実力が発揮しきれないとき、その子は孤独です。雰囲気を悪くしないように明るくふる舞ってはいても、ひとりで悩み、苦しんでいます。もともと明るい子は暗くなり、さほど明るくない子はがくっと暗くなります。

そういうときには、どういう言葉をかけていいのか、こちらも悩みます。たとえばレースでの失敗が1度くらいなら「もう、しょうもないレースしたね」と笑い話にすることもできますが、積み重なるとそうもいきません。

なので、**わたしは話を聞くことにしています。「どうなの」と話しかけ、あとは聞くだけです。**

彼らには、指導者である監督には言えないこと、ライバルでもある友人には言えないことがあります。その点、わたしは指導者でもライバルでもありません。かといって、状況を何も知らないというわけでもありません。微妙な立ち位置にいるわたしになら話せることがあるかもしれないですし、わたしに話しているうちに、考えが整理されることもあるでしょう。

学生が考え込んでしまったときには「こうしたら?」などと提案することもありますが、**話しているうちに、彼らの中で結論が出ていることが少なくない**ので、わたしの言うとおりにするかどうかは学生次第です。しなくてももちろん、かまいません。

こちらが言ったことに「そうですね」となることもありますし、「いや、そうじゃないんです」となることもあります。「そうじゃない」ということは、学生の中に何かしらの答えがあるということなので、「そうですね」より安心して話を聞くことができます。

ケガをした子を励ますことは、あまりしません。頑張れと言われて頑張れるくらいなら、もう頑張っているはずです。「きっと大丈夫だよ」「できるよ」ともできるだけ言いません。

本当に好転の兆しが見えている場合はそう口にすることがありますが、ケガをして大会に間に合わないのが明らかなときに、大丈夫とかできるとか言ってしまうのは、嘘になってしまい、無責任な発言だと思うからです。

ケガをした子には、ある程度時間がたったころに「そろそろよくなってきた?」などと、現在の状況を聞くことにしています。すると「よくなってきました」とか「ぜんぜんです」と返事があるので、**その先をまだ話したいようなら、話を聞きます。話したくないようなら、それ以上は踏み込みません。**

ほうっておくこともあります。ほうっておいてほしい、かまってほしくないと思う子もいるからです。そのときには、それがその子のためになるなら近づきません。**その子がかまわれたくないと思っていても、かまったほうがいい状況なら、**

声をかけます。その見極めは、ふだんその子と接していればわかるものです。

ケガや体調不良とは別に、気持ちの面で「つらい」「苦しい」という子もいます。そういう子の話は、「そんな時期もあるよ」「強くなりたいんでしょう？今をしのいだら、強くなれるよ」などと言いながら、半ば流しながら聞きます。つらく苦しいのはみんな同じだからです。

ただ、**それを口にしているのが４年生だった場合は違います。**会社に例えると、部、課長級の人が「今期の売上げ目標の達成は厳しいですね」と言っているようなものです。「４年生は人前でそういうことを言うものじゃない」「最上級生としての自覚が足りない」などと、わりと**厳しく注意します。**最上級生が下級生に与える影響はとても大きいので、自分のことと同じくらい、周囲のこともケアしてほしいからです。

ほめたり、ほうっておいたり、叱ったり。どんなときに、どんな言葉をかけるか、あるいはかけないか。サポートする側も試されているような気がします。

23

学生にもプライドがある。
本当に大切なことは、
人が見ていないところで
注意します。

監督が誰かを叱ったとします。そのときわたしは、**学生の表情を見る**ようにしています。何を言われているかを正しく受け止めているか、納得しているか、腑《ふ》に落ちているか。それとも何か言いたいことがあるのに飲み込んでいるのか。

学生が不服そうな顔をしていた場合には、タイミングを見計らって「さっきのことだけど」と話しかけます。こういったフォローも、寮母の仕事だと思っています。

そのときには「あれはやっぱりあなたが悪いと思うよ」と言うこともありますし、「監督が言いたかったのはこういうことだと思うよ」と伝えることもあります。何が何でも学生をフォローするわけでも、いつでも監督を立てるわけでもありません。わたしにはどんなふうに見えたか、どんなふうに聞こえたかを基準に、叱ったりするのではなく「わたしはこう思うよ」と淡々と伝えます。

こういった話をするときは、**1対1が基本**です。わざわざ呼びつけて特別な雰囲気にしてしまわず、いつもの雰囲気の中で、周りにほかの誰もいないときを狙って声をかけます。

学生にもプライドがあります。ミーティングで監督に叱られたら、そのプライドは十分に傷ついています。わたしがなにか特別な雰囲気を醸《かも》し出し、輪をかけて傷つけたとして、いいことは何もありません。たとえこちらとしては叱っているつもりはなくても、「さっきのことだけど」と言われたら、叱られていると捉える子はいます。

そうやって話をしていると、監督には言えないことをわたしには言ってくる子もいますし、そこでわだかまりから解放される子もいます。

わたしのフォローでは事態が好転しないときには、あとで監督に相談し、今度は監督から誤解を解いたり、本当に伝えたいことを伝えてもらったりもします。

関係がいいときはコミュニケーションが多少雑になってもかまわないのですが、監督が厳しいことを言って、学生が不満を抱いたり、落ち込んだりしているときには、時間をかけた丁寧なコミュニケーションが必要だと思います。これを面倒がって放置していたら、チームはあっという間にバラバラになってしまうでしょう。大勢での共同生活の中で学生と1対1の時間を見つけ出すのは簡単なことではありませんが、絶対に捻出しなければならない時間だと思っています。

会社内や友人同士でも「これは1体1で話したほうがいいな」という場面があるでしょう。でも、忙しさや目の前のことでいっぱいになり、その機会を後回しにしてしまうと、信頼関係がこわれてしまうかもしれません。そのタイミングを逃さないことが大切だと思います。

24

箱根を走れる選手が
偉いわけではない、
生活では平等である。
人によって対応を変えずに、
一人ひとりが主役である
環境をつくります。

ひとつの大学で、箱根駅伝を走れるのは年に10人だけです。箱根を目指して練習を積んで、それが叶わなかった部員は、箱根駅伝当日はサポート役に回ります。勝負事ですから、1年生が走り、4年生がサポートをすることもあります。

箱根を走る以前に、自己ベストタイムを見れば、1年生が4年生を上回ることも珍しくありません。そのあたりは、陸上をやっている学生が一番よくわかっています。下級生に抜かされることがある現実を、わたしより彼らはよく理解しています。

一方で、部内は年功序列で、キャプテンは4年生から選ばれます。寮の中でも年功序列で、寮長も4年生から選ばれます。上下関係はあまり厳しいほうではないと思いますが、4年生が全員を引っ張ります。

寮は現在、二人部屋です。1年生は必ず上級生と同じ部屋に入って、寮生活のすべてを教わります。生活の部分では、上級生が下級生に教える仕組みができているのです。

だからきっと、速く走れる下級生が上級生に対して偉そうな態度を取るようなことがないのだと思います。タイムでは上回ることがあっても、生活の部分では上級生に教わることが多いからです。

それでも「俺は速く走れるから」と天狗になるような下級生がいたら、わたしはきっと注意しますし、監督もほうってはおかないでしょう。

タイムという数字で順位がついてしまうのが陸上競技です。生活面でも彼らがそれにこだわりすぎないようわたしが気をつけていることといえば、**「人によって、対応を変えない」ことです。速く走れる子だけを過保護に扱うことはしません。**配膳や掃除の当番はみんなが同じように担当します。速く走れる子は掃除が免除される大学があると聞いたことがありますが、この寮ではそういった差はつけていません。4年生も1年生も区別しません。

みんなで暮らす場なのだから、当番はみんなに同じように当たるようにしています。こういった仕組みをつくってきたのは、この寮を巣立っていった学生たちです。

差し入れでいただいたものなどは、タイムはもちろん、学年も問わず、早い者順で分けていきます。たとえばいただいたジュースなどを食堂に置いておくと、早めに受け取りに来た下級生がマンゴーなど人気の味を確保し、あとから上級生がやってきたときには、不人気の味のものしか残っていないことがあります。4年生でエースだった一色《いっしき》君が「あ、俺の好きなものがもうない」とか言っています。でもそれは、遅く来たほうが悪いと言うより、早く来たほうが賢いのです。

速く走れることは偉いこと、そんな認識ができてしまったら困るなと思うのは、上下関係がねじれるからでもあるのですが、それよりも、**同じ学年の中に上下関係ができてしまい、同級生同士の間に遠慮が生まれてほしくない**からです。

生涯の友人は、小中学校、高校のときのクラスメートよりも、大学時代に密に接していた友人だという人は少なくないと思います。ここで暮らしている彼らには、寮の同級生が生涯の友人になるはずです。そう考えると、寮やチームの一体感どうこう以前に、わだかまりはあってほしくありません。

そう考えてわたしなりに努力してきたつもりでしたが、見落としていたこともありました。

先ほどジュースの話で出てきた、一色恭志《ただし》君という子がいました。高校時代から注目されていた子で、今思うと、入学してきた時点で同級生から一目置かれる存在だったと思います。

1年生で出雲、全日本、そして箱根のメンバーに選ばれる実力の持ち主で、2年生のときには箱根のエース区間2区に抜擢されて期待に応え、優勝に貢献しています。

陸上への意識が高く、結果もきちんと残す。下級生はもちろん、同級生からも尊敬される子でした。ただ、あとで聞いた話では、周りは自分のようにストイックではないと感じていた一色君と、一色君のようにはできないと思う同級生との間で、ちょっとした衝突もあったようです。ただ、一色君はふだんは感情を表に出さず、それほど口数が多いほうでもないので、わたしはそのことに気づいていませんでした。

その一色君が涙を見せたのは、4年生として出場した出雲駅伝で優勝したあと、テレビのインタビューを受けていたときのことでした。出雲駅伝は三大駅伝の最初に行われる駅伝で、4年生にとって最後のシーズンの幕開けとなる重要な大会です。

わたしはその日、寮の食堂で、出雲に遠征しなかった学生と一緒にテレビで観戦していました。

優勝が決まり、アンカーとしてゴールテープを切って優勝した一色君は、タスキをつけたままインタビューにいつもどおり淡々と答えていました。その彼の表情が、インタビュアーから最上級生としての役割について質問を受け、「4年生として……」としゃべり出したとたんに歪み、その目からは涙がこぼれ落ちました。泣きながら、おえつをこらえながらインタビューに答えています。

寮の食堂は、それまでのざわざわした雰囲気が一転し、静まりかえりました。**あの一色が、泣くなんて。**押し黙ったまま、誰もがそう思っていたに違いありません。

一色君が泣いたのは、うれしかったからでした。彼は入学以来、下級生として上級生の中に入って走り、いい結果を残してきました。けれど彼は、**最上級生となった今度は、やはり同級生と走って成果を出したかった**のです。この出雲駅伝では、アンカーの一色君の前を、同級生でキャプテンの安藤悠哉《ゆうや》君が走り、その前をやはり同級生の茂木亮太君が走っていて、一色君には、1位でタスキが渡っていました。この代は、最強の学年として注目されていた1学年上の神野《かみの》大地君、久保田和真君、小椋裕介君たちが卒業し、残された最上級生として相当大きなプレッシャーを受けていたのでしょう。

あんなにクールで、大きな大会を何度も走っている一色君でも、同級生とタスキをつないで勝ちたいと強く願っていたこと、それを特別なことだと考えていたことを、同級生はこのとき改めて知ったのでしょう。

この日を境に、4年生の結束はこの上なく強くなりました。そしてこの4年生が率いたチームが、駅伝三冠、箱根三連覇という偉業を成し遂げたのです。

25

箱根に出られる子だけが
主役じゃない。
レギュラーになれなくても、
本人の自己ベストが出たら
みんなで喜ぶのです。

青山学院大学陸上競技部はこれまで、「箱根駅伝に出場する」、「シード権を獲得する」、「優勝する」などの目標を立て、それらを実現してきました。しかし、それはチームとしての目標であって、部員一人ひとりとなると異なります。前にも書きましたが、その年の**箱根駅伝を走れるのは10人だけ。今は、一度も箱根を走ることのないまま、4年間の陸上生活を終える子のほうが多くなっています。**

では、**箱根を走れない子は何を目標に4年間を過ごすのか**。この点については、わたしが心配するまでもなく、アスリートである学生たちのほうがよくわかっています。**入ってきたときよりも1秒でも速く走れるようになること、今の自分の課題を明らかにし、目標を立て、それを一つひとつクリアしていくこと、それがモチベーション**になっています。

目標を達成できた子は合宿費の負担をゼロにする、提供いただいているシューズを6足もらえるなどといった賞品を監督が用意することもあります。「あと1秒足りなかった！」なんて言っている学生もいます。

わたしは、些細なことでも、**全員が一人ひとり彼らなりの目標を達成し、達成**

感を抱いて卒業していってくれればいいなと思っています。卒業してからも実業団に入って陸上競技を続ける学生もいますが、ほとんどの学生は大学卒業と同時に陸上も卒業し、社会人として旅立っていきます。そして、何より競技をやめてからの人生のほうが長いのです。

なので、いやな思いと共に卒業していってほしくない。自分なりに満足し、達成感を持って社会に出ていってほしい。**願わくば、あの4年間があったから少々のことがあっても乗り切っていける、という自信と誇りを持って卒業していってほしい**のです。ですから、いやな思い出になってしまうくらいなら、無理に箱根駅伝に出場したり、勝ったりしなくてもいいとさえ今は思っています。

初めて箱根駅伝に優勝した次の年は連覇がかかっていましたが、この年もわたしは無理に優勝しなくてもいいと思っていました。神野大地君がケガをしていたからです。神野君は初優勝の立役者のひとり。3年生で5区を走って注目され「新・山の神」と呼ばれ、翌年への期待も大きくなっていました。

しかし、キャプテンに就任した翌年はケガに泣かされ、10月の出雲駅伝は欠場、11月の全日本大学駅伝でも実力を発揮しきれません。その翌日、また足に違和感を覚えます。

神野君は焦っていました。箱根を走れるかどうかわからなくなってしまったからです。

彼が5区を走れなければ、チームとしての戦力は大幅に下がります。チームとしてはなんとしても万全の状態で出てほしいのですが、ケガという現状は変えられません。

走りたくてうずうずしている神野君にわたしは「もう、走れなくてもいいんじゃない」と言いました。「だってもう、伝説をつくったんだから。無理しなくていいよ、1回優勝したんだし」

それは偽らざる思いでした。もし最終年に箱根を走れなかったら神野君は悔しい思いをするでしょう。でも、他校も優勝を目指して努力しているのだから、毎年優勝しようというのは虫のいい話ですし、何が何でも優勝しなくてはならないわけではない。それに、神野君が最後の年に無理をして走って心残りな結果に終わるくらいなら、前年の「新・山の神」の称号を傷つけないまま卒業したほうが、彼に残る達成感は大きいのではないかと思ったのです。

治ったら走ろう、勝てるなら勝とう。神野君のように責任感が強い子には、それだけ伝えれば十分です。

結局、ケガは癒え神野君はその年も5区を走り、連覇へと弾みをつけてくれました。

26

その子の「生活」、「性格」が、
そのまま走りに表れる。
だが「生活」は「性格」をも
変えることがある。
だから、「生活」が
大切なのです。

初めのころは陸上をまったく知らなかったわたしも、陸上のことばかり考えている学生と一緒に暮らすうち、いろいろなことを学びました。

まず、学生にも**いろんなタイプの子がいる**こと。今となっては当たり前のことですが、一人ひとりと話してみると、**こちらは同じことを言っているのに、反応や返ってくる言葉がまるで違う**ことがあるし、部屋をのぞいてみても、つかい方がそれぞれ違います。

わたしはふだん、学生の部屋には入らないようにしていますが、設備点検の立ち会いなどで学生の部屋をのぞくと、同じ広さのはずなのにこんなに違うものかと驚きます。今は二人部屋なのでそれほどでもありませんが、一人部屋のころは、汚くしている子もいました。

汚いには2種類あって、散らかっているだけの汚さと、だらしない汚さがあります。後者の場合は、陸上にもそのだらしなさが出ていました。だらしないという表現は少しきついかもしれませんが、詰めが甘く、ケアを怠って大事なときにケガをしてしまうケースがこれに当たります。

性格が走りに表れることは、多くの学生と接してみて初めて知りました。

たとえば、同じように5000メートルを走る場合では、淡々と同じペースを保って走る子もいれば、後半にぐっと追い上げる子もいる、前半飛ばすけれど、後半は持たない子もいる。こういった走り方のクセは、性格を反映しています。

たとえば、理系の子は、ペース配分をしっかりしたがる傾向にあります。ただ、それがすばらしいことなのかというと、そうも言い切れないのが陸上の興味深いところです。ペースを保つことに一生懸命になりすぎて、勝負どころを逃してしまうことがあるからです。では計画性があまりない子がいいのかというと、もちろんそうではありません。

学生に会ったことがなく、話したことがない人でも、**走りを見ればある程度の性格がわかる**と思います。大舞台で予想以上の走りを見せてくれる子は、やはりふだんから心臓に毛が生えているようなタイプの子です。**そして、実際に走りで成果を出した子は性格が変わります。生活面でも自信を持てるようになるのです。**

このことは、きっと陸上だけでなく、どんな仕事にも当てはまることではないかなと思います。**大きな仕事を成し遂げた自信が、性格を変えてしまうほどの力を生み出すことがある**と思うのです。

ただ、どんな子でも言えるのは、1年間のうちにだれる時期があることです。わかりやすいのは4年生。先輩が卒業し、自分たちが最上級生になったときには気合い十分で、立派な先輩たちに負けないように頑張ろうという熱にあふれています。

ところが、それが空回りし、物事は理想どおりには進まないと夏前に気がついて少し気持ちが落ち込み、夏合宿を終えるころに、10月の出雲駅伝に向けてまた気合いが入り直すというパターンです。わたしは、彼らの様子を観察しながら、その場に応じたサポートをするようにしています。

27

誰でもキャプテンに
なれるわけじゃないのと
同様に、
誰でもマネージャーに
なれるわけじゃないのです。

キャプテンは、箱根駅伝が終わり4年生が引退するタイミングで、3年生の中から学生が選びます。**自分たちで選ぶことで、そのキャプテンを中心にまとまろうという求心力が働く**からです。

キャプテンの役割は、チームがどんな状況にあるときも、前向きに導くことです。そのためには、周りの心を動かせないといけません。

ただ、スタイルはそれぞれです。周りの心を動かすにしても、情熱的な言葉で語りかけるタイプ、黙々と努力して背中でわからせるタイプ、周りの意見をうまく引き出してまとめあげるタイプなどがあります。

たとえば、一色君の代のキャプテンは安藤君で、彼の明るさ、性格のよさがチームを支えていましたが、おそらく、背中でわからせるタイプの一色君でも一色君なりのキャプテンになってくれたと思います。

その**キャプテンを支えるのが主務**です。主務とは、複数いるマネージャーのトップに当たる役職で、マネージャー頭《がしら》のようなポジションです。

マネージャーになるのは、選手として箱根を走らないと決断した子です。監督が選手でなくなることを促すことが大半です。マネージャーにはやらなくてはならないことが多いので、選手との兼務はできません。

また、**誰でもマネージャーになれるわけではありません**。マネージャーはある意味で学年を超越し、誰に対しても同じように接しなくてはなりませんし、監督と学生の間にも立ち、橋渡しをしなくてはなりません。

監督の厳しい言葉を学生に伝えたり、学生の不満を監督にぶつけたりすることも仕事になります。もしも監督と学生が対立したら、板挟みになるでしょう。でも、それができなくては、マネージャーは務まりません。

そのトップである主務は特にそうです。**主務に絶対に必要な条件は、性格のいい子、頭の回転が速い子。大人ともきちんと話ができ、フットワークが軽く、そして、自分の損得は考えずに選手のために動き、支えられる子**でないと、主務は務まりません。

キャプテンは学生が選びますが、マネージャーは監督とわたしとで選びます。条件は、先ほど書いたような資質を持っていることと、陸上をしっかり頑張りきったことです。箱根駅伝を走ることはできないけれど、選手として彼なりの目標を達成できた子だけがマネージャーになれるのです。ですから、誰もがマネージャーになれるわけではありません。部に、寮に残るにはマネージャーになるしかないのでそうしたいというような考え方をする子には、部を辞めてもらわないと周りに悪い影響を与えます。

主務は4年生が務めますが、監督とわたしは1、2年生のころから、正直に言えば、監督がスカウティングする高校生のころから、将来の主務候補生を探しています。主務は、それだけ重要な役割を担っているのです。監督も、選手としてはもしかすると伸びないかもしれないけれど主務向きの性格をしていると高校の先生から教わった子を積極的にスカウトするほどです。

そうやって、主務が務まりそうな子に主務を託すのですが、それでも、主務という仕事はむずかしいと思います。

4年生でキャプテンになる子は、それまで3人のキャプテンを見てきています。タイプの異なる3人のお手本を知っているので、いいと思ったところは真似し、自分とは違うとは思ったところにはオリジナリティを加えていきます。

主務の場合はそれができません。なぜなら、1、2年生のうちから主務になるつもりで、主務を見ている子はいないからです。また、主務の仕事はキャプテンのそれとは異なり、目につきやすいものばかりではありません。これは、主務がどれだけ頑張っていても、その頑張りが選手にはなかなか伝わらないことを意味します。

わたしは歴代の主務に助けられてきましたが、特に印象に残っているのは、2年目、最初の予選会を16位で終えたあとに4年生になった代の益田岳志《たけし》君です。箱根駅伝出場までのハードルの高さを思い知らされた直後、やっぱり箱根駅伝に出たいと言ってくれた代の主務です。むしろ、その代を本気にさせたのは彼なのではないかと思っています。

ルールのなかった寮に、学生が話し合ってルールを設けられたのも、それをみんなで守ろうとしたのも、益田君たちが頑張ってくれたおかげです。今でこそ新しい環境には慣れるしかないなどと言っているわたしですが、彼がいてくれなかったら、頑張れなかったかもしれません。対大学、対女子マネージャー、対新入生の保護者、あらゆる渉外を彼は買って出てくれました。監督と選手の関係性が少し悪くなったときも、監督の側に立ってくれたりしました。

箱根を走るのは、たしかに10人です。でも、**表舞台には出てこない主務やマネージャーの「支える力」がなくては、青山学院大学陸上競技部は成り立っていかない**のです。

第4章

わがままな夫だからこそ楽しい。男はちょっとわがままなほうがいい!?

28

「男の人がやるべきこと」と
「女の人がやるべきこと」
がある。
でも、できないことは
相手に頼ればいいのです。

「監督は陸上の面倒を見る」、「寮母は生活の面倒を見る」。監督とわたしはそうやって役割分担をしてきました。「原家」で2人向き合って食事をしていても、話すのは学生のこと、陸上のことばかり。お子さんのいる夫婦が2人で食卓を囲んだとき、わが子のことをあれこれ話すのに似ているのではないでしょうか。夫婦2人で過ごすときも、父や母として考えたり話したりする時間が自然と長くなるように、わたしたちも、夫婦であっても監督と寮母として会話することがほとんどです。

監督が監督になり、わたしが寮母になる前は、どんな話をしていたか、もはやあまり思い出せません。ただ、ある程度の役割分担ははっきりしていたように思います。

監督との結婚当初、わたしは専業主婦でした。専業主婦だった母を見ていて、結婚すれば専業主婦になるものだと思っていたからです。専業主婦をしばらく続けて、その後は、また外で働くことになりますが、結婚当初は専業主婦でよかったと思っています。

もともとわたしは小学校の先生になりたくて、大学もその資格が取れるところへ進むつもりでいました。高校時代は埼玉にいたので、首都圏の大学の教育学部に進学する予定でいました。ところが両親が広島に戻ることになり、それに伴ってわたしも広島に戻ることになりました。

一人暮らしは絶対にダメ、大学へ行くなら実家から通えるところにしなさいと両親は言います。広島で進学するとなると、埼玉にいたときよりもずいぶん選択肢が少なくなってしまい、結局、わたしは法学部を選びました。小学校の先生になるという夢は、18歳であきらめたのです。

なので、卒業を控えて始めた就職活動にはあまり熱が入りませんでした。もう、やりたかった仕事にはつけないので、仕事は、結婚して専業主婦になるまでのつなぎ期間だけやればいいと考えていました。やる気のない就活生でしたが、ちょうどバブルのころだったので、就職先を探すのには苦労しませんでした。

そうして入ったのが証券会社です。ただ、わたしが入社したときにはバブルは崩壊していました。店のカウンターには、株で損をした怒りを証券会社にぶつける人もやってきます。営業担当のわたしは、その人たちに対しても新商品を売り込まなくてはなりません。そもそも、どうしてもしたかった仕事ではありません。わたしはその仕事を早々に辞め、その後はアルバイトや派遣社員として働いていました。

仕事に対しての思い入れがさほどない。それも、結婚してすぐに仕事を辞めた理由のひとつです。でも一番大きかったのは、家の中のことでした。夫は仕事でストレスを抱えて帰ってきて、それを発散したがっていました。わたしも同じようなことをしていては、ただただぶつかるだけになってしまいます。それよりは、わたしは**日中は家で好きなことをして過ごし、夫が帰ってきたら愚痴を聞いてあげたほうが、お互いのためにいい**と思いました。

なので、専業主婦になるということは「夫に食べさせてもらう」ということではないと思っています。**専業主婦になって、夫のサポートをするというのは外で働くこと同様、価値のあるものだ**と思います。

また、同じように外で忙しく働いて、同じように家事をすることが男女平等なのかというと、それもわたしたち夫婦にはそぐわないような気がしています。そういうスタイルにフィットする夫婦もいると思いますが、わたしたちの場合は、**2人の間で、それぞれ好きだったり得意だったりする役割を担い、苦手なことやできないこと、相手のほうが好きなことや得意なことは相手に頼って一緒に生きていく**のが、合っているように思います。

監督とわたしの場合は、性格はまったくの正反対で、お互い自分の持っていないものを相手が持っているという、巡り合わせに恵まれた夫婦という気がしています。

29

タイミングは、
合ったときが
一番のタイミングなのです。

入社して3年で証券会社を辞めたあと、わたしはちょこちょこと仕事をし、友だちと遊びながら、お見合いをするという日々を過ごしていました。母親が熱心にお見合いの話を次から次へと持ってきていたからです。

母が最初にお見合いの話を持ってきたのは、わたしが大学生のときでした。そのころはまったく乗り気でなかったわたしですが、25歳で証券会社を辞めると、母のお見合い熱にいっそう拍車がかかりました。友だちと遊んで帰ってくると「次の日曜の午後は空けておいて」と言われます。自動的にお見合いがセットされているのです。それには絶対に従わなくてはなりません。わたしは、会社を辞めた手前、断り切れなくなっていました。

結局、何人とお見合いをしたのか数えきれません。両親はわたしに、広島県内で暮らしてほしがっていたので、県外に転勤する可能性のない人ばかりを探してきます。みんな、真面目そうで、やさしそうで、わたしが何かわがままを言っても笑って許してくれそうな人ばかりです。

ただ、なかなか、おつき合いして結婚して、そして生活を共にしていくんだなとイメージできる人とは巡り会えませんでした。わたしの中に、まだまだ結婚する気持ちがなかったのかもしれません。

家にいるとお見合いのことばかり言われるので、一人暮らしをしている女友だちのところへ押しかけて、そこで過ごすことが増えてきました。彼女には恋人がいたので、彼女がデートで出かけるときに、わたしが留守番をすることになります。その日、彼女の部屋の電話が鳴ったときも、わたしはひとりでいました。

音に驚いてつい受話器を取ると、知らない男の人の声がしました。彼女の名前を挙げて「いないの?」と聞いてきます。正直に留守番をしていると伝えると、その後は他愛もない話になりました。その他愛のない話が、思いの外、弾んだのです。向こうも退屈していたのでしょう。映画の話になりました。今思うと、その男性は彼女を映画に誘いたかったのかもしれませんが、最終的にはその人とわたしとで、映画に行く約束をしていました。

急展開ですが、彼女の知り合いならそう悪い人ではないだろうし、話していて面白いなと思ったので、それほど抵抗はありませんでした。もともと、わたしは男の子とは恋愛に発展する前に友だちになってしまうタイプです。この人とおつき合いすることになるかもしれないなどという予感はまったく抱かず、そのときは、また友だちがひとり増えるなという気分でした。

映画は次の日曜日に見ることになりました。ただ、顔がわからないので待ち合わせ場所でどうやってお互いを見つけるかが問題です。もちろん当時は携帯電話はありません。

電話口でその人は「じゃあ、胸に赤いバラを挿しておくから」と冗談を言って電話を切りました。

その日、わたしが彼女の家から帰宅すると、母によってまた新たなお見合いがセットされていました。日時はよりによって日曜13時から。映画のための待ち合わせは12時。何が何でもお見合い優先なので、映画の約束はキャンセルしなくてはなりません。そこで先ほどの男性に電話をかけて約束を変更できればいいのですが、わたしは相手の電話番号を聞いていませんでした。

でもまあ、当日、謝ればいいや、とわたしは軽く結論づけました。わたしの家から待ち合わせ場所まではごく近く。向こうもきっと近くに住んでいるだろうから、それでも許してくれるだろうと思ったのです。

その日、わたしは午後に控えたお見合いにふさわしい服装をして、12時に間に合うように待ち合わせ場所に向かいました。そこにいたのは、胸に赤いバラを挿してはいなかったけれど、感じのいい男性です。今まで、お見合いで出会ってきた人たちとはどこか雰囲気が違いました。

わたしは、用事ができてしまったので映画は見られないと謝り、でも30分くらいは時間があるので、一緒に食事をしましょうということになりました。わたしはそのとき初めて、その男性の名前を知りました。生まれた年は同じ。ただ、学年はわたしのほうがひとつ下です。

原晋と名乗ったその男性が、広島県の三原市から30分かけて新幹線でやってきたというのには驚きました。わざわざ来てもらったのに、約束を守れないのは申し訳ありません。次はわたしがお詫びにご馳走する、という話をしたように思います。

ただ、彼にはそれよりも気になることがあるようでした。わたしの午後の用事は何なのか、ということです。休日にしては、かちっとした服装をしていることに気がついていたかもしれません。

わたしとしては、初対面の男性の前で「お見合い」という単語を口にするのは、そんなに結婚をしたがっている人なのかと思われそうで、気が引けます。何度か押し問答を繰り返したあと、しぶしぶ、「お見合いなの」と告げると、彼はその答えをまったく想像していなかったようで「お見合いか、そうか、お見合いか」と繰り返していました。

とにかく映画は見ずに解散しました。

「お見合い、どうだった?」と自宅に電話がかかってきたのは翌日だったと思います。

それまで繰り返してきたお見合いの相手と、彼との出会いは何が違ったのか。

明るく、お話も上手で楽しそうな人ではありましたが、一番の違いはタイミングのような気がします。

わたしは繰り返すお見合いに疲れてきていたし、彼は、それまで続けてきた陸上を辞め、営業マンとして再スタートを切る時期を迎えていました。ことさらドラマチックに語る気持ちはありませんが、**それぞれが立ち止まったときに、出会うべくして出会った人**なのかなと思います。今となってふり返ると、そんな不思議な出会いでした。

30

わがままだから
できることがある。
わがままな人ほど
「支えがい」があるのです。

「美穂ちゃんらしいわね」

初めて原晋さんを実家に連れていったとき、母はわたしにこう言いました。彼は、母がセッティングしていたお見合いの席にはいなかったタイプの人でした。母も本当は、それまでのお見合い相手が、わたしとは相性がよくなさそうなことをわかっていたのかもしれません。

そのころの監督はというと、今もそうですが、「俺が、俺が」の人。その点では、陸上の人なのだと思います。駅伝は団体戦とはいえ、試合中にチームメイトと交わるのはタスキをつなぐときだけです。あとはひたすら、自分ひとりで走るだけ。野球やサッカーのようなサインプレーも、とっさの連携もありません。周りに気をつかわなくても、極端なことを言えばひとりでもできるスポーツです。わがままな人に向いているといえるかもしれません。そういう意味で、監督は陸上の人です。

ではわたしはどうかというと、あまり自分がというタイプではありません。むしろ、わがままな人の世話を焼きたいほうなので、監督というわがままな存在は、わたしにぴったりだったのです。母が「美穂ちゃんらしいわね」と言ったのは、まさにこのことだったのです。**世話を焼こうと思えばいくらでも焼けますし、とんでもない決断をしてとんでもない行動力を駆使して、いろいろなことに巻き込んでくれる**のも、こういう人だからだと思います。

監督が中国電力の社員だったとき、家に帰ってきて「今日はこの家から向こうの家まですべての家をずっと飛び込み営業をすると決めて、そのとおりにやってきた」と話していたことがあります。自分で決めたある地域を、のきなみ飛び込み営業するということです。わたしなら、まず飛び込み営業ができないし、できてもせいぜい2軒くらいでしょう。監督にはわたしにはできないことができるんだな、すごいなと思いました。営業先の話を聞いても、わたしには考えつかないような業種まで開拓して成果を出していました。

やるとなったらとことんのめり込むのが監督。だからその分、飽きも早い。自分大好きで飽きっぽいこの人が、大学で学生を育てたいと言ったときにわたしが反対したのは、これも理由です。俺が、俺が、の監督には、学生を指導するような仕事は向いていないし、すぐに辞めると言い出すのではないかと思っていたのです。そこは、わたしの見込み違いでした。

ちなみに、監督が陸上の人だったと知ったのは、結婚する少し前になってからです。それまでは、ふつうに就職活動をして、ふつうに入社試験を受けて中国電力の社員になったのだと思っていました。

だから、「実は昔、陸上をやっていたことがあって」と言われたときには驚きました。陸上をやっていたことよりも、陸上でスカウトされて会社に入るという仕組みがあることに驚いたと言ってもいいかもしれません。それくらいわたしは、大学や実業団のスポーツ事情にうとかったのです。

それが、大学の陸上競技部の寮母になるとは……。人生とは本当に面白いものだなあ、と思ってしまいます。

31

自分の労力を
ムダづかいしてはいけない。
「相手がしてほしいときに
してあげること」が
大切なのです。

わたしは長女で、妹と弟がいます。子どものころの通信簿には「責任感が強い」とよく書かれていました。

小学生のころから、どちらかというと、優等生タイプだったと思います。世話を焼きたがるのは、この育ちに関係しているのかもしれません。

育ちと言えば、わたしは小学校も中学校も、それから高校も、2カ所に通っています。幼稚園と小学校の途中までは広島、途中から千葉。中学校は途中まで千葉、途中から北海道。高校は途中まで北海道で、途中から埼玉。高校は公立高校で転校をしたので、かなり珍しがられました。

思い出すと、高校生のときには空回りをしていた時期があります。文化祭の準備で夏休みも毎日のように学校へ行っていましたし、何かを集める、人が足りないとなったら、率先してみんなに声をかけていました。そうやって一生懸命やっていたのですが、ある日、違和感を覚えるようになりました。

なぜそう感じるようになったのかはよくわかりません。一生懸命やったことで、何かが見えてきたということなのかもしれません。

そのときに感じたのは、わたしが**どれだけ一生懸命にやっても、それをわかってくれる人と、わかってくれない人がいる**ということです。そして、わかってくれない人にとっては、わたしの頑張りはありがた迷惑かもしれない。すると、わたしは労力をムダづかいしているということになります。

いやそうじゃない、わかってもらえなくても労力はムダにならないんだ、という考え方もあると思いますが、**わたしとしては、何かをしてほしいと思っている人にそうしてあげるほうが、理にかなっているというか、やりがいを感じます。**わたしがつかえる体はひとつ、かけられる労力にも限りがあるのだから、**わたし自身が充実感を感じられるところに、全力を注ぐのがわたしには向いている**と気がついたのです。

あれから何年もたっていますが、今もその気持ちは変わっていません。

監督に対しても、何でもやってあげようという思いはあるのですが、**ここは**

しっかり支えるところ、ここは特に何もしないところ、という抑揚を自然とつけています。支えているところについては、監督にはそう自覚をしてほしいし、反応もしてほしいのですがなかなかそうもいかず、ケンカになることもあります。

ただ、監督も監督で、自分がされていることには、少し鈍感な部分があるのに、自分がしていることについては、

「あいつは、俺がこれだけやってやっているのに、気づいてくれない」

などと言うことがあります。もしかすると、これはみんなが思うことなのでしょうか。

そういうとき、わたしは監督に「何かやってあげるにしても、タイミングが大事だよ」と言うようにしています。

伝わらないのはタイミングが悪いか、やってあげるのが当たり前になってしまっているときだと思います。おいしいものも毎日食べていればありがたみがな

くなるのと同じで、誰かからの親切もそれが続くと当たり前になってしまうのでしょう。

相手に対する感謝の気持ちが大切なのはわかっていても、親しい間柄では、つい甘えがでてしまうのかもしれません。

32

監督がわたしを
紹介するときに言う
「監督の監督は奥さんです」
の意味は？
言うべきことを
はっきり言うのも、
支える側の責任です。

監督はときどき、自分にとっての監督はわたし・美穂だと言っているようです。その意味するところは、大半がウケ狙いだと思います。

監督は一言で言えば子どもっぽい人です。自分が大好きで、いつでも自分が中心。そして、やりたいことに純粋で正直です。今回、わたしが本を書くことになったときも、「じゃあ、タイトルは『ダメダメ夫を日本一に育てる方法』とかがいいんじゃない？」と、案の定、自分が先に出てきました。もう、笑ってしまいます。

男3人兄弟の末っ子なので、そうしないとお兄さんたちと肩を並べられなかったという事情もあったのかもしれません。

わたしからすると監督は夫なので、長い時間一緒にいるし、いいところもたくさん知っています。しかし、よく知らない人から見ると、たんに目立ちたがりで、思いつきでものを言って突っ走る人に見えるでしょう。最初は、学生たちもそういう目で見ていたと思います。まだ信頼関係の構築ができていないうちは、監督の話を聞いて「この人は何を言っているんだろう」と思ったことは一度や二度ではないはずです。だからこそ、話し方・伝え方について「ああいう言い方は誤解を招くよ」などと監督に何度か言ってきました。

それから監督は、負けず嫌いでもあります。特にこの仕事についてからは、自分はエリートランナーではなかったこと、箱根駅伝を一度も走ったことがないこと（そもそも所属していた大学に出場資格がなかった）を強烈に意識しているようでした。

最初のころは、監督業も自分流でやろうという気持ちがかなり強く、各大学の監督が集まる会合に出席し、実績のある監督と話す機会があっても「人の意見を聞いたってしょうがない」と聞く耳を持ちませんでした。

でも、本当は聞くべき意見はあるはずです。学生とのコミュニケーションにどんな工夫をしているのか、どんなトレーニングを取り入れたら結果が出るようになったのか、**監督が優先させるべきことは監督のプライドを守ることではなく、学生を強くすること**のはずです。

そういったことも、わたしは監督に、はっきり、かなり強い言葉で伝えてきました。監督が客観的な視点を持った人で、いつでも自分は何をすべきかを冷静に考えられる人なら、わたしも口うるさく言わなかったでしょう。**わたしがいろいろと言っていたのは、わたしが何か言いたいからではなく、監督にとっては言ったほうがいいと思ったからです。**本来、監督は人に何か言われるのが嫌いなのです。**だからこそ、わたしが言わなければならない、それが大切な学生と監督に対する責任**だと思ってやっていました。

今は監督も、各大学の監督さんだけでなく、いろいろな人から学び、生かそうとしています。学生への接し方も、以前よりずっとフレンドリーになりました。

当時、わたしに言われたことを、監督も自覚しているのでしょう。「監督の監督は奥さん」という発言には、そういった意味も込められているのかもしれません。

33

相手は変えられない。
でも一緒にいることで
「結果」は変わる。
自分が思っている
自分のキャラクターと、
人が思っている自分の
キャラクターは
違っていることが多いのです。

わたしがいろいろと言ったことで監督が別人のように変わったのかというと、それも少し違うような気がします。もともと、監督の中には学生と楽しくやりたい、ほかの人からも学びたいという気持ちがあったはずです。ただそれが、何かしらの理由でうまくいっていなかっただけ。監督は変わったのではなく、自分がどうふるまえばうまくいくかに気がついて、肩の力を抜いただけだと思います。

寮に入ったばかりのころは緊張していた学生も、そうやって自然にふるまえるようになっていきます。ただ、そうなるまでにかかる時間は、学生によって違います。

たとえば、秋山雄飛《ゆうひ》君は受け答えがかなりユニークで、かと思うと、冗談を真に受けるようなところもある、不思議な子でした。周りと波長を合わせるのに時間がかかるタイプで、所属する組織によっては、居場所を見つけにくいかもしれないなと思わせるところのある子でした。でも、寮で一緒に生活をしていた学生たちは秋山君のキャラを徐々に理解し、そのキャラをいい方向に引き出していました。秋山君も、みんなが自分を受け入れていてくれている、という実感を持てるようになり、自分自身を発揮できるようになりました。

最後には、みんなの前で踊って盛り上げ役を買って出るようになったほどです。

池田生成《きなり》君も、変わったところのある子でした。わが道を行くタイプで、いくら周りからこれがいいと言われても、自分の気に入ったものだけを認めるような子です。厳しい練習の間の休日に、暇だったからと20キロ走った、と聞いたときにはびっくりしました。唯一、監督に、休みの日は走るな、しっかり休め、と言わせた子です。

彼は、事細かに指示を出すタイプの指導者の下では、きっと反発していただろうと思います。彼に対しては監督があまり干渉せずに任せる部分が多かったので、最後の箱根駅伝で成果を出してくれたのだと思います。それは監督が、池田君の人となりを理解していたからでしょう。こういったところに、寮での共同生活が生きています。

誰かを変えるのは相当、むずかしいことだと思います。自分を変えるのも短期間ではむずかしいでしょう。でも、寮で一緒に生活することで、互いが互いの居心地をよくしていくような関係が、監督やわたしを含めてできてきたように思います。

わたしたち夫婦に限っても、相手を変えようとしたことはないのです。長く一緒にいることで互いに影響を受け合って、変わってきたのかもしれません。

34

断ってばかりいると
視野は広がらない。
やらされることも
楽しんでやれば、
新しい発見があるのです。

今はだいぶ落ち着きましたが、初優勝をしたころから、寮にテレビカメラが入ることが続いた時期があります。すべて、監督が決めてきてしまうのです。朝、部屋の外に出てみたら、撮影スタッフがいてカメラをかまえています。そこでその日、撮影の約束をしていたことを初めて知ることがほとんどです。

監督のせいで、2016年、わたしは東京マラソンを走るはめになりました。最初に監督から「テレビ局から提案があった」とその話を聞いたとき、わたしは瞬時に断りました。そもそも、ふだん走っていないし、走りたくないし、走るわたしを見たい人もいない。走る理由がありません。

それに、東京マラソンは下田裕太君や一色恭志君も走ることになっています。東京マラソンは彼らにとって勝負の場。そこでわたしがちゃらちゃらと走るのは違うと思ったのです。

なので、監督には話を持ってきたテレビ局の人に断っておいてとはっきり言ったのですが、しばらくするとまたその話を蒸し返します。断っていなかったのです。再度、断っておいてと念を押したのですが、また監督は断っていませんでした。結局、走らざるをえなくなりました。練習は、近所を少し走った程度。トータルの走行距離は20キロほどだったと思います。きっと、そのときの東京マラソン出場者の中で最も練習不足だったのはわたしだったでしょう。

ただ、練習していなかったので事前に足を痛めることはなかったですし、速く走ろうという気持ちもなかったので、ゆっくりと東京の街並みを楽しむことができました。仕方なくとはいえ、抽選倍率が高くて走れない人も多いコースなので、下を向いてしぶしぶ走るのではなく、東京マラソンを満喫しようと当日には気持ちを切り替えていました。

それに、わたしはただ走っていればよかった。当時のマネージャーの伊藤雅一君が一緒に走ってくれて「奥さん、何か飲みますか、何か食べますか」と、マンツーマンでケアしてくれたからです。わたしが苦しくならないように、いろんな話をしてくれました。自分では給水所に寄る必要すらなく、ただただ、前に進んでいけばいいだけでした。

ふだんとは逆に学生から応援してもらい、応援される側の気持ちも少し理解でき、結果としては、いい経験になりました。

監督は、もしかしたらわたしに、走る側の気持ちを少しだけでも知ってほしかったのかもしれません。

第5章

与えられたことでも、喜びに変わる瞬間は来る。

35

勝っても負けても、
その後の人生に
役立つ体験をさせることが
大切なのです。

２００４年春に寮母になってから、もう10年以上が過ぎました。ふり返るとあっという間です。遠い遠い目標だった箱根駅伝出場を5度目の挑戦で果たし、翌年にはシード権も獲得して、本選でいい戦いができるようになり、三連覇、大学駅伝三冠も達成しました。大記録となる三冠、三連覇の前には「そこまでは頑張ろう」と心から思っていました。ですから、それが達成された今、何が何でも、このまま連覇を伸ばさなければならないという気持ちにはなっていないのです。

箱根で勝つことを目標にしているのは、青山学院大学だけではありません。多くの大学が優勝を目指して努力しています。ほかのどんなスポーツや大会よりも箱根駅伝を重視している大学は珍しくありません。スカウティングも、育成も、それから作戦の立案も、すさまじい競争にさらされています。

そういった環境で勝ち続けるのはそう簡単ではない、はっきり言えば不可能です。いつまでもトップを走り続けられればそれはすばらしいことですが、現実的ではないと思います。

一方で、本選に出られるようになったころから応援してくれる人が増え、寮のメンテナンスなどもスピーディに行われるようになりました。何より、学生が変わりました。本当に本選に出場できるのかなと思って入ってくる子はもういません。今の子は、箱根で勝つために青山学院大学を選んだ子ばかりです。

なので、これまでのような寮運営はもう必要ないのかもしれません。監督とわたしが今、この寮を出ても、学生たちで寮生活はうまくやっていけるかもしれません。それぐらいルールも運営も確立し、自分たちで自分たちを律して学生たちは生活できています。

監督・寮母ともに別の人に交代しても、彼らはそう困らないのではないかなと思います。ここへ来たばかりのころは、わたしは早々にお役御免になり、「原家」の家計を支えるため働きに出ようと思っていたので、今ならそれもできるかもしれません。

今、寮にいる子たちは、弱かったころと違って強くて当たり前のチームに入ってきた子たちです。今の4年生は、入学したときからずっと優勝しているチームですから、勝たなければ、というプレッシャーも大きいと思います。繰り返しますが、わたしは勝たなくてよい、と言っているのではありません。勝ち続けられれば、それはすばらしいことです。

でも、陸上生活は一生続くわけではありません。その子の人生にとって、その後の人生のほうが長いのです。勝とうが負けようが、学生時代の4年間しかできないことに熱中して、**一生懸命取り組めば、それは、その後の人生を生きていくうえでの大きな宝物となる「根っ子」のようなものを持てる**のではないかと思うのです。社会に出て、大きな木に育つような根っ子です。

そのためのサポートは、できる限りのことをしてあげたいとは思います。**勝っても負けても、その宝物を持って卒業していってほしい**と考えているのです。

36

やってみなければ
始まらない。
ネットで検索すれば
答えは出るけど、
自分で経験しないと
本当の答えはわからない。

寮の雰囲気は、２００４年のころと比べるとだいぶ変わりました。最初は、こちらも素人だし、学生もどこかふわふわしているところがあり、今よりもアットホームだったように思います。何が正解か、どうすれば目標が達成できるのか誰も知らなくて、知らないなりにみんながあがいていたときのほうが、より家族に近かったように思うのです。

今は、寮のルールもこちらが厳しすぎるのではないかと思うほどしっかりしたものになり、それを順守する気持ちも一人ひとりが持っています。家族というより、同じ目標に向かって突きすすむ会社のようにも感じられます。学生の走力の高さは、かつてとは比べものになりません。練習環境も格段によくなりました。

あらゆるものがしっかりした分、つぎつぎとやってくる困難を、みんなでなんとかして乗り越えて前に進もうという雰囲気は薄れました。そのせいか、これはないものねだりかもしれませんが、学生は壁を突破する力、何もないところから文化をつくっていくんだという意識に欠けているように思います。便利なので頼りたくなる気持ちもわからなくはありませんが、なんでもすぐネットで検索して、答えを得たようなつもりになっているのも気になります。とにかくやってみて初めてわかる、実感して身につくことがあると思うのです。

もし今、ここまでできあがった状態の寮に寮母として入ってきたなら、わたしはかつて感じたほどには学生をかわいいとも、箱根を走らせたいとも、思わなかったのではないかと思います。そこにいたのが、大きすぎる目標を前に、恵まれない環境で七転八倒している学生たちだったから、わたしの世話焼き心が燃えたのでしょう。

でも、永遠に変わらないものはありません。かつての青山学院大学陸上競技部も、もし監督以外の人が指導をしていたとしても、いつかは箱根駅伝本選に再び出場していたでしょうし、寮も今とは違うスタイルが確立されていたでしょう。

わたしも、最初のころはこの寮で4年間を共に過ごした学生が卒業していくことに寂しさを覚えていました。今は、慣れた、とか寂しくない、とかではなく、だんだんと、「次の子が入ってくるから」と寂しさを感じないですむ術《すべ》を覚えて送り出せるようになりました。

毎年つくっている、箱根駅伝の中継映像からうちの子が映っているシーンだけを切り貼りしてつくる映像は、初めのころに比べると圧倒的に長くなってきていて、そこでも変化を実感しています。


人も組織もそうやって変わっていくもの。どう変わっていくかは、その当事者や支える人次第だと思います。いい方向へも悪い方向へも、関わる人次第で変わる。そして、今この瞬間も、その変化のまっただ中です。これから青山学院大学陸上競技部がどう変わっていくのか、寮母として楽しみでもあります。

ただ、変わっていくにしても、その中で**ただ流されていくのではなく、自分の与えられた場所で、自分のできることを精一杯やること。そうすれば周りの人も自分も幸せな気持ちになる、**と信じて行動することには変わりはありません。

37

支えることで、
自分も成長する。
「支えること」は、
「自分も支えられている」と
知ることなのです。

箱根を走りたい、と青山学院大学陸上競技部の門を叩いた子のうちの何人かは、競技人生の半ばでマネージャーに転向します。自分からマネージャーになると言い出す子はほとんどいません。たいていの子が、監督からマネージャーになることを勧められ、まだまだ走りたい、マネージャーにはなりたくないと拒否し、抵抗してからマネージャーになります。やはりみんな、最後の箱根駅伝が終わるまで、ランナーでいたいのです。

そうやってマネージャーになった子のうちのひとりが、あるとき、こんなことを言いました。

「マネージャーになって、初めてわかったような気がします。もし選手のときにこの精神状態を手に入れていたら、もっといいタイムが出せたと思います」

彼はマネージャーになって、それまでのマネージャーがどれだけ自分たちを支えてきてくれたかを理解したのです。それまで主観的にしか見ることのできなかった「選手」という存在を客観的に見られるようになって、たしかにガミガミいう監督のほうが正しくて、選手のほうがサボっているなとか、この選手はこのままではダメだなというようなことが、見えてくるようになったと言います。もしも選手時代、自分が周りからどう見えていたかがわかれば、努力が足りていないこともわかっただろうと言うのです。

彼だけでなく、**マネージャーになった子は、驚異的なスピードで成長します。**マネージャーにはマネージャーの資質を持った、性格のいい、賢い子しかなれませんが、その彼らがさらに成長するのです。

極端な言い方をすれば、選手は、どれだけ練習がつらくても、自分のために走ってさえいればいい。自分のタイムを1秒でも縮められれば、努力した、頑張ったと認められます。仮に自分は箱根を走れなくても、チームの誰かが走って勝ってくれれば、それなりの達成感が得られます。

でもマネージャーは違います。**自分のためではなく、選手のために考えて動かなくてはならない**し、そうすることが当たり前とされています。自分は絶対に走れない箱根を誰かに走ってもらうため、よかれと思ってやってあげていることも、相手にしてみれば、してもらって当然ということが多々あります。日々、**マネージャーから支えられていることを実感できている選手はほとんどいないはずです。**これは、**会社やご家庭でも似たようなことが言えるのではないか**と思います。

支える側と、支えられる側。マネージャーはその両方を経験するので、目標に向かって努力するつらさも、それを支えるつらさも、走ることで得られる喜びも、誰かを勝たせるという喜びも、**立場によっていろいろな感情があることを理解します。だから成長するのでしょう。**若くしてこういった経験をした彼らは、きっと社会に出てもしっかり通用するだろうなと思います。

わたしも、学生を支えることで多少なりとも成長できたのかなと思います。そういう場を与えてくれたのが神様だとしたら、神様に感謝したいです。

38

「自分探し」なんか
しなくていい。
誰かを支えることで、
自分の役割と居場所が
見つかるのです。

寮母という仕事があることを、わたしは監督が監督になろうとするまで知りませんでした。それが、何の因果かこういうことになっています。

生まれ変わったとして、もう一度寮母をやりたいかと問われたら、次は別のことをやりたいと思います。やはり、特に最初のころは大変だったので、繰り返すのはしんどそうです。よく頑張ってきたねと、当時の自分をほめたくもなります。

ただわたしは、箱根駅伝から長く遠ざかっていた青山学院大学陸上競技部の寮母にならなければできないような経験を、いくつもさせてもらえました。

初顔合わせでの戸惑いも、初めての寮生活で感じた息苦しさも、チームが崩壊しそうになったときの危機感も、あと一歩のところで予選を勝ち抜けなかった絶望も、その翌年、ついに念願を成就させたときの歓喜も、大手町で彼らを迎え入れたときの安堵も、さらにその翌年、あっさりとシード権を勝ち取ったことへの驚きも、それから優勝し、それを続け、旋風に巻き込まれてからの怒濤《どとう》の時間も、ここまでやってこなければ味わえなかったものばかりです。

類いまれなる経験ができただけではなく、**わたし自身は「誰かを支えることが**

好き」だということにも、ここで改めて気づくことができました。自分から望んでついた「寮母」という仕事ではありませんでしたが、学生に向き合い、叱ったりハッパをかけたり、一緒に笑ったり、ときには心を動かされたりしながら、彼らが成長していくのを見守るという仕事は、なかなかやりがいがあります。

彼らの成長をわたしが少しでも支えているとしたら、この仕事に出会えて本当に幸せだと思います。そんな気持ちが、寮母としての毎日の生活を支え、乗り越える力になっていました。**「支えている」つもりが、実は「支えられていた」のかもしれません。**

小学校の先生になるという子どものころからの夢は叶いませんでしたが、大学生のお世話をするということの仕事に巡り会ったことで、もしも小学校の先生になっていたら得られなかったであろう時間も手に入りました。卒業した学生と、監督とも一緒にお酒を飲みながら思い出話ができるのは、大学生という未成年から大人になる多感な、人間として最も成長するであろう時期に、彼らの人生に関わらせてもらったからだと思います。１４０人を超える卒業生を送り出したことで、いくつもの人生に密着取材ができたような気がしています。

もしも次、生まれ変わったら、思いがけず寮母という最高に面白い仕事にたどり着けたこの人生のように、もっと思いがけない、もっと面白い仕事に巡り会いたいと思います。すべての仕事を知っているわけではないわたしが**最高の仕事に出会うには、また運を天に任せ、わたしを必要としているところで、一生懸命わたし自身の役割をまっとうすること**なのかな、と思っています。

39

「夢」なんか無理に
持たなくてもいい。
「夢」を持つ人を懸命に
支えることで、
自分の「夢」が見つかる
ことがあるのです。

寮母になったことで、陸上という興味深いスポーツのことを学べました。箱根駅伝というスリリングで楽しい大会があることも知りました。これも、わたしをここまで巻き込んでくれた人たちのおかげです。

ただ、陸上に興味を持たなくても、箱根駅伝を面白いと思わなくても、それは悪いことではないと思います。世の中にはたくさんの面白いもの、面白くないものがあって、そのうちのどれと出会って、ハマるかはその人次第です。みんながみんな、同じものに熱中し、熱狂する必要はないと思っています。

走ることを選んだ学生のように、**大きな目標に向けて努力するのも人生だし、わたしのように、成り行きで支える側に回るのも人生で、どちらが立派とかすばらしいとか、比較するものでもないと思います。夢があるなら、それに向かって努力すればいいし、夢がなくても、与えられた目の前のことに最善の努力を注げばいい**と思います。どちらにしても、その人自身が楽しめることが一番だと思うのです。

わがままな監督とここまで一緒にやってこられたのも、**異なる価値観を持ちな**

がらも、お互いを否定することがなかったからかなと思います。あのとき、友だちの家で電話に出ていなければ、監督のところに監督の後輩が電話をしてこなければ、わたしの猛反対に監督が折れていれば、学生がもう1年監督とやりたいと言ってくれなければ……、ここまで来ることはできませんでした。

監督の人生に巻き込まれながらも、監督のおかげで自分ひとりだったら絶対に足をふみ入れなかった場所に行き、多くの時間を過ごすことができたのです。

もっとふり返れば、転校が多かったことも、大学受験を前に急遽《きゅうきょ》広島に戻ったことも、小学校の先生になれなかったことも、就職先で仕事に疲れたことも、**すべて今につながっていて、ムダな時間、しないほうがよかったことなど、何ひとつなかったと思えます。**

今ここからふり返るから言えることではありますが、**まったく予想できないこれからの人生でも、与えられた中で自分ができる最善を尽くす、目の前のことを一つひとつ丁寧に懸命に生きていけば、なかなかいい人生を過ごせていたとあと**

になって気づく、これを繰り返していくのだろうと思います。

これもまた神様の采配の結果だとするならば、神様に感謝したいです。

そして学生たち、町田寮で苦楽をともにした卒業生のみんな、青山学院大学の関係者のみなさま、応援してくださったすべてのみなさま、わたしをふり回してくれたわがままな監督にも感謝したいです。

これから先も、青山学院大学陸上競技部は、勝ったり、ときには負けたりしながらも、学生たちはフレッシュグリーンのタスキをつなぎ続けていくと思います。変わらぬご声援を心よりお願い申し上げます。

最後までお読みいただき、ありがとうございました。

フツーの主婦が、弱かった青山学院大学陸上競技部の寮母になって箱根駅伝で常連校になるまでを支えた39の言葉

発行日　2017年12月24日　第1刷
発行日　2025年3月21日　第6刷

著者　原 美穂

本書プロジェクトチーム
編集統括　柿内尚文
編集担当　高橋克佳、斎藤和佳
デザイン　菊池崇＋櫻井淳志（ドットスタジオ）
編集協力　片瀬京子、澤近朋子
撮影　塔下智士
ヘアメイク　佐藤智子

営業統括　丸山敏生
営業推進　増尾友裕、綱脇愛、桐山敦子、相澤いづみ、寺内未来子
販売促進　池田孝一郎、石井耕平、熊切絵理、菊山清佳、山口瑞穂、吉村寿美子、矢橋寛子、遠藤真知子、森田真紀、氏家和佳子
プロモーション　山田美恵

編集　小林英史、栗田亘、村上芳子、大住兼正、菊地貴広、山田吉之、福田麻衣、小澤由利子
メディア開発　池田剛、中山景、中村悟志、長野太介、入江翔子、志摩晃司
管理部　早坂裕子、生越こずえ、本間美咲
発行人　坂下毅

発行所　株式会社アスコム

〒105-0003
東京都港区西新橋2-23-1　3東洋海事ビル
TEL：03-5425-6625

印刷・製本　株式会社光邦

Printed in Japan ISBN 978-4-7762-0974-4